새 교과서에 따른 예쁘고 바른 글씨
국어교과서
한글쓰기와 국어활동

초등학교 1~2학년군

1-1

한글쓰기와 국어활동의 특징

어린이들이 글씨 쓰는 순서를 바르게 배울 수 있도록 구성하였습니다.

어린이들이 자음과 모음의 조합에 의해 소리가 형성되는 원리를 스스로 깨달아 복잡한 글자도 자연스럽게 읽고 쓸 수 있도록 구성하였습니다.

연한 글씨 위에 덮어쓰기 연습을 충분히하여 어린이들이 바르게 글씨쓰는 습관이 되도록 하였습니다.

학습에 흥미를 유발하고 효과를 높이기 위하여 실물 사진과 그림을 충분하게 넣어 흥미롭게 익히며 각 페이지를 차근차근 넘겨가면서 학습하다보면 자신도 모르게 반복하게 되어 저절로 익혀지고 바르고 예쁘게 쓸 수 있도록 구성하였습니다.

본 책은 (주)미래엔 제작 교육부에서 발행한 국어㉮㉯ 국어활동의 교과서를 참고하여 엮어 발행하였습니다.

예쁜 손글씨를 잘 쓰려면

- 글씨를 잘 쓰려면 많이 써야 하고, 많이 보아야 하며, 많이 읽어야 합니다. 자연스러운 마음으로 긴장하거나 흥분하는 일이 없도록 항상 평안을 유지해야 예쁘고 바르게 글씨를 쓸 수 있습니다.

- 글씨연습은 연필로 연습하는 것을 권유합니다. 볼펜은 너무 매끄럽게 나와서 빨리 써지는 반면에 글씨가 미끄러지듯 써져서 글씨체 연습에는 도움이 안됩니다.

- 잘 쓴 글씨가 반듯한 글씨체만은 아니지만 반듯하게 쓰려는 노력은 글씨를 잘 쓰기 위한 필수적인 것입니다. 자간(글자 사이의 간격이나 띄어쓰기)이 분명하게 그리고 필기 속도가 느리고 정성스럽게 또박또박 쓰기 연습이 필요합니다.

 책상에 앉아서 바른 자세로 글씨 쓰기 습관을 갖도록 해 봅시다.

엄지손가락과 집게손가락으로 연필을 잡고 가운데 손가락으로 연필을 받쳐 쓰세요.

공책을 반듯하게 펴세요.

팔꿈치를 앞으로 내밀거나 몸을 옆으로 기울지 않습니다.

고개를 너무 숙이지 마세요.

등을 곧게 펴고 앉으며 공책과 눈의 거리는 약 30cm 정도가 되게 하세요.

허리를 펴고 앉으세요.

엉덩이가 의자 맨 뒤까지 닿도록 앉으세요.

선생님의 말씀을 잘 듣고, 연필을 바르게 잡아 봅시다.

연필을 가운데손가락으로 받치고, 엄지손가락과 집게 손가락을 모아 잡습니다.

연필과 바닥의 각도는 옆으로 보아 약 50° 정도가 되면 적당합니다.

연필을 너무 세우지 않습니다.

적당한 힘을 주어 잡습니다.

연필깎은 곳 바로 윗부분을 잡습니다.

 다음 그림에서 어떤 자세가 바른 자세인지 살펴 봅시다.

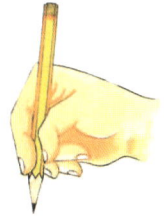

한글쓰기와 국어활동 학습법

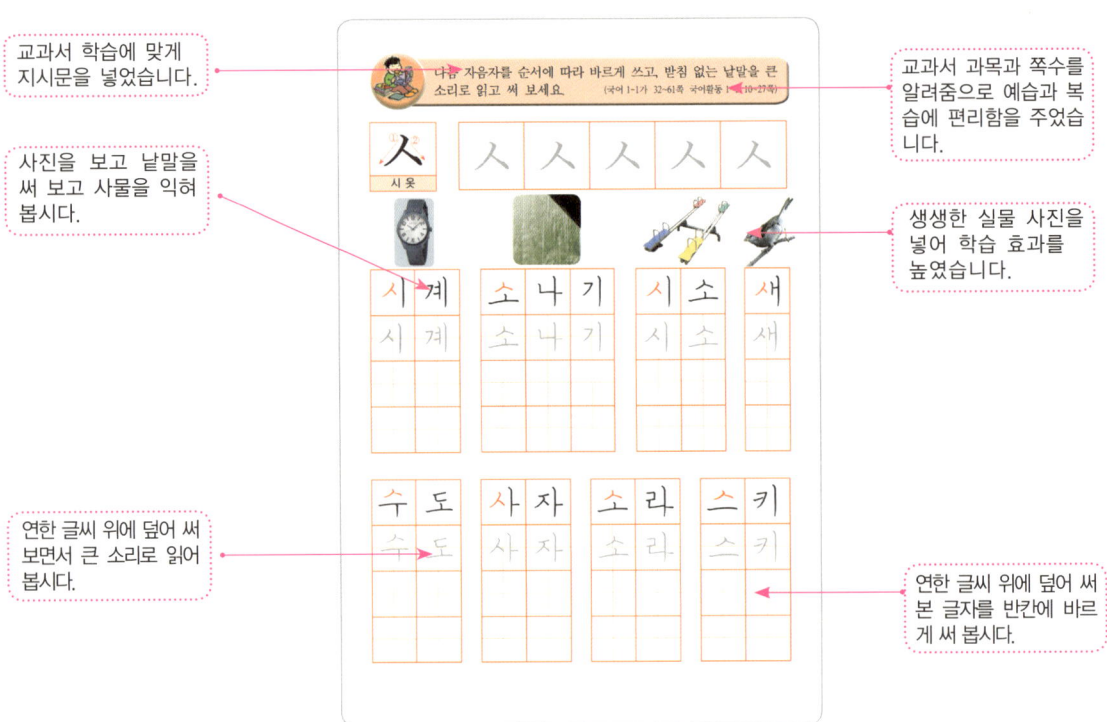

교과서 학습에 맞게 지시문을 넣었습니다.

사진을 보고 낱말을 써 보고 사물을 익혀 봅시다.

연한 글씨 위에 덮어 써 보면서 큰 소리로 읽어 봅시다.

교과서 과목과 쪽수를 알려줌으로 예습과 복습에 편리함을 주었습니다.

생생한 실물 사진을 넣어 학습 효과를 높였습니다.

연한 글씨 위에 덮어 써 본 글자를 반칸에 바르게 써 봅시다.

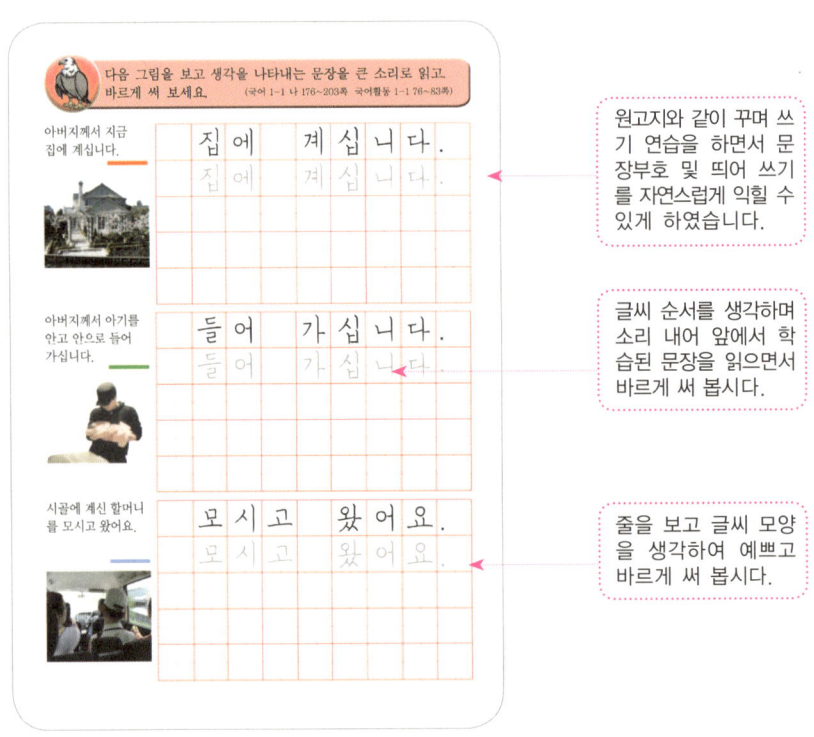

원고지와 같이 꾸며 쓰기 연습을 하면서 문장부호 및 띄어 쓰기를 자연스럽게 익힐 수 있게 하였습니다.

글씨 순서를 생각하며 소리 내어 앞에서 학습된 문장을 읽으면서 바르게 써 봅시다.

줄을 보고 글씨 모양을 생각하여 예쁘고 바르게 써 봅시다.

한글쓰기와 국어활동

차례

학습도우미

한글쓰기와 국어활동 학습법 …………… 8

1-1 가

1. 바른 자세로 읽고 쓰기 …………… 11
2. 재미있게 ㄱㄴㄷ …………… 19
3. 다함께 아야어여 …………… 37
4. 글자를 만들어요 …………… 51
5. 다정하게 인사해요 …………… 73

1-1 나

6. 받침이 있는 글자 …………………………… 79

7. 생각을 나타내요 …………………………… 95

8. 소리 내어 또박또박 읽어요 ……………… 105

9. 그림일기를 써요 …………………………… 115

1. 바른 자세로 읽고 쓰기

바른 자세로 낱말을 읽고 써 봅시다.

- 바르게 읽는 자세를 몸에 익힙시다.
- 소리 내어 낱말 따라 읽어 봅시다.
- 바르게 쓰는 자세를 익힙시다.
- 낱말 따라 써 봅시다.
- 낱말과 그림을 선으로 잇고 글자를 따라 써 봅시다.
- 선생님과 친구의 이름 알아보고 써 봅시다.

 다음 그림을 보고 선을 따라서 여러번 그어 보세요.
(국어 1-1가 6~31쪽 국어활동 1-1 6~9쪽)

동물들이 맛있는 먹이를 먹으러 가려고 해요. 천천히 그어 보세요.
(국어 1-1가 6~31쪽 국어활동 1-1 6~9쪽)

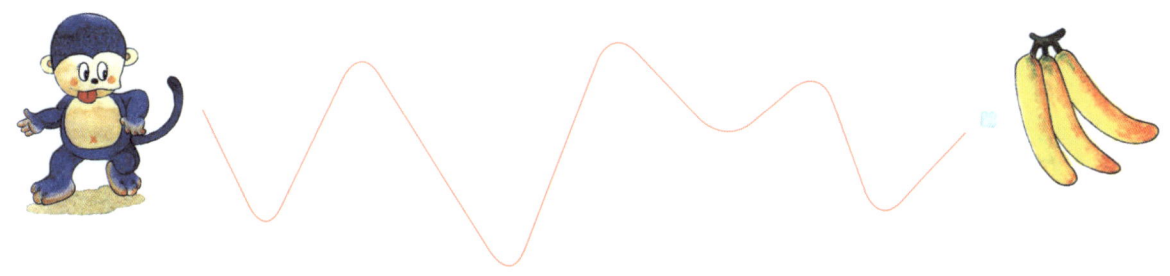

 다음 낱말을 큰 소리로 읽고, 순서에 맞게 바르게 써 보세요.
(국어 1-1가 8~31쪽 국어활동 1-1 6~9쪽)

| 나 | 너 | 우 | 리 | 바 | 다 | 친 | 구 |

| 연 | 필 | 기 | 타 | 다 | 리 | 선 | 생 | 님 |

다음 낱말을 큰 소리로 읽고, 순서에 맞게 바르게 써 보세요.
(국어 1-1가 8~31쪽 국어활동 1-1 6~9쪽)

아버지   어머니   아기

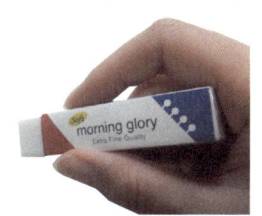  

지우개   바구니   가족

 다음 낱말을 큰 소리로 읽고, 순서에 맞게 바르게 써 보세요.
(국어 1-1가 8~31쪽 국어활동 1-1 6~9쪽)

| 거 | 미 | 나 | 무 | 참 | 새 | 나 | 비 |
| 거 | 미 | 나 | 무 | 참 | 새 | 나 | 비 |

| 제 | 비 | 구 | 두 | 모 | 자 | 바 | 지 |
| 제 | 비 | 구 | 두 | 모 | 자 | 바 | 지 |

선생님의 이름을 쓰고, 선생님의 얼굴을 그리거나 사진을 붙여 보세요.
(국어 1-1가 8~31쪽 국어활동 1-1 6~9쪽)

선생님 이름

아버지와 어머니 이름을 쓰고, 얼굴을 그리거나 사진을 붙여 보세요.
(국어 1-1가 6~31쪽 국어활동 1-1 6~9쪽)

아버지 이름

어머니 이름

 친구의 이름을 쓰고, 친구의 얼굴을 그리거나 사진을 붙여 보세요.
(국어 1-1가 8~31쪽 국어활동 1-1 6~9쪽)

학교 친구 이름

동네 친구 이름

2. 재미있게

♥ 자음자를 알아봅시다.

둘 ♥

- 자음자의 이름을 알아봅시다.
- 자음자의 소리를 알아봅시다.
- 자음자 쓰기를 해 봅시다.
- 자음자 놀이를 해 봅시다.

다음 자음자의 이름을 알아보며 큰 소리로 읽고, 바르게 써 보세요.
(국어 1-1가 32~61쪽 국어활동 1-1 10~27쪽)

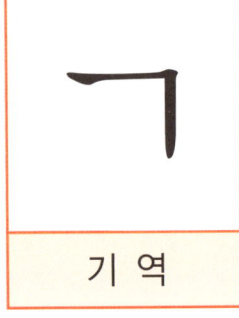
기역

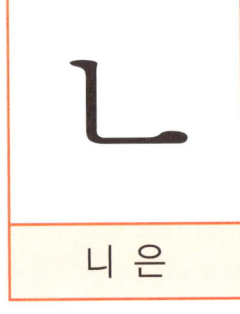
니은

디귿

리을

미음

비읍

시옷

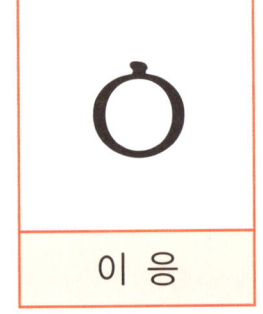
이응

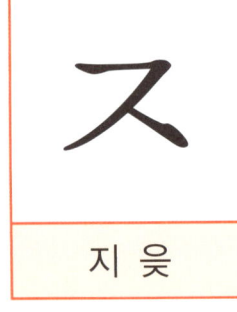
지읒

치읓

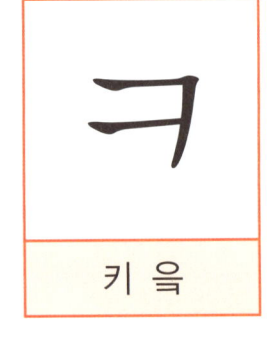
키읔

티읕

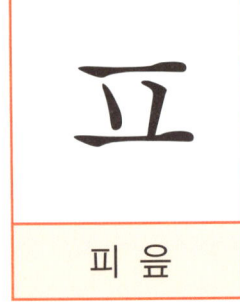
피읖

히읗

ㄱ 부터 ㅅ 까지 자음자의 이름을 큰 소리로 읽고, 순서에 따라 바르게 써 보세요.

(국어 1-1가 32~61쪽 국어활동 1-1 10~27쪽)

기역	니은	디귿	리을	미음	비읍	시옷
ㄱ	ㄴ	ㄷ	ㄹ	ㅁ	ㅂ	ㅅ
ㄱ	ㄴ	ㄷ	ㄹ	ㅁ	ㅂ	ㅅ
ㄱ	ㄴ	ㄷ	ㄹ	ㅁ	ㅂ	ㅅ
ㄱ	ㄴ	ㄷ	ㄹ	ㅁ	ㅂ	ㅅ

 ㅇ부터 ㅎ까지 자음자의 이름을 큰 소리로 읽고, 순서에 따라 바르게 써 보세요.

(국어 1-1가 32~61쪽 국어활동 1-1 10~27쪽)

이응	지읒	치읓	키읔	티읕	피읖	히읗
ㅇ	ㅈ	ㅊ	ㅋ	ㅌ	ㅍ	ㅎ
ㅇ	ㅈ	ㅊ	ㅋ	ㅌ	ㅍ	ㅎ
ㅇ	ㅈ	ㅊ	ㅋ	ㅌ	ㅍ	ㅎ
ㅇ	ㅈ	ㅊ	ㅋ	ㅌ	ㅍ	ㅎ

다음 자음자를 순서에 따라 바르게 쓰고, 받침 없는 낱말을 큰 소리로 읽고 써 보세요. (국어 1-1가 32~61쪽 국어활동 1-1 10~27쪽)

① ㄱ 기 역	ㄱ	ㄱ	ㄱ	ㄱ	ㄱ

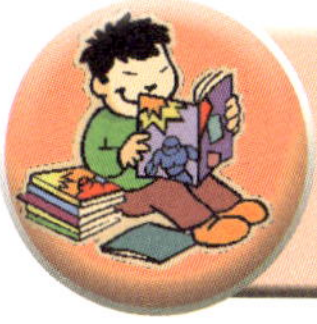

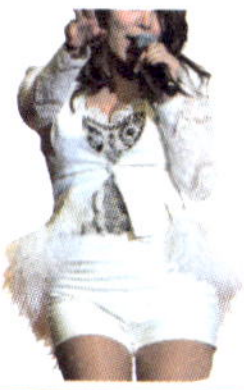

가 수

가 수

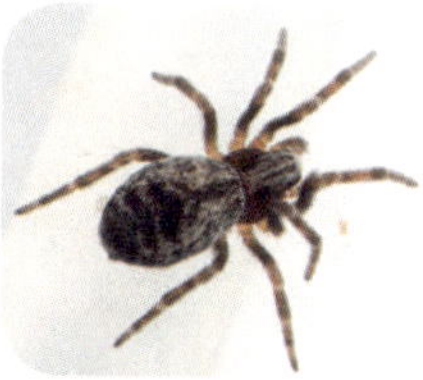

거 미

거 미

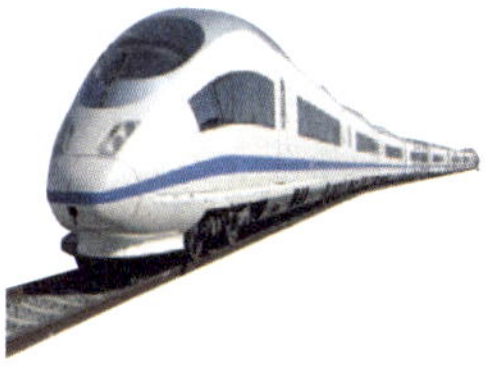

기 차

기 차

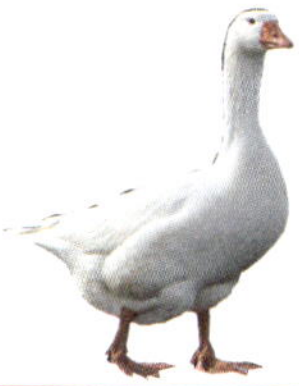

거 위

거 위

가 지

가 지

가 구

가 구

거 리

거 리

가 루

가 루

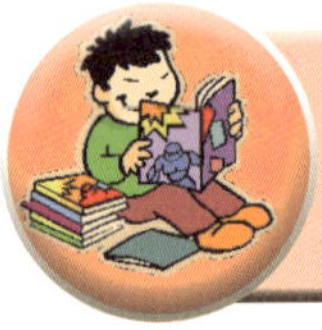

다음 자음자를 순서에 따라 바르게 쓰고, 받침 없는 낱말을 큰 소리로 읽고 써 보세요. (국어 1-1가 32~61쪽 국어활동 1-1 10~27쪽)

① ㄴ

니은

ㄴ	ㄴ	ㄴ	ㄴ	ㄴ

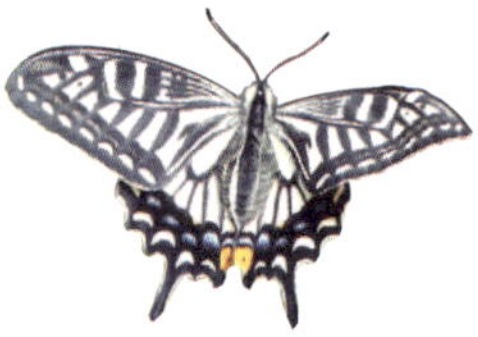

나	비
나	비

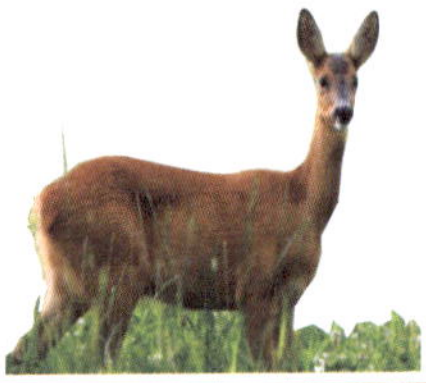

노	루
노	루

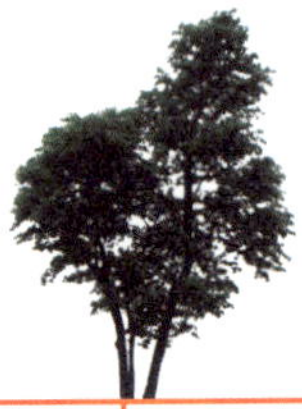

나	무
나	무

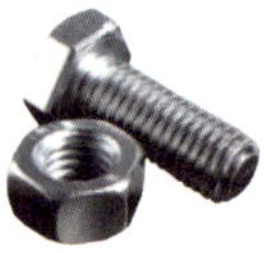

나	사
나	사

누	나
누	나

너	구	리
너	구	리

바	나	나
바	나	나

 다음 자음자를 순서에 따라 바르게 쓰고, 받침 없는 낱말을 큰 소리로 읽고 써 보세요. (국어 1-1가 32~61쪽 국어활동 1-1 10~27쪽)

ㄷ
디귿

ㄷ ㄷ ㄷ ㄷ ㄷ

두더지

두부

다리미

도토리

다리

사다리

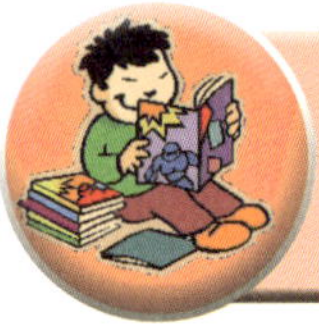

다음 자음자를 순서에 따라 바르게 쓰고, 받침 없는 낱말을 큰 소리로 읽고 써 보세요.

(국어 1-1가 32~61쪽 국어활동 1-1 10~27쪽)

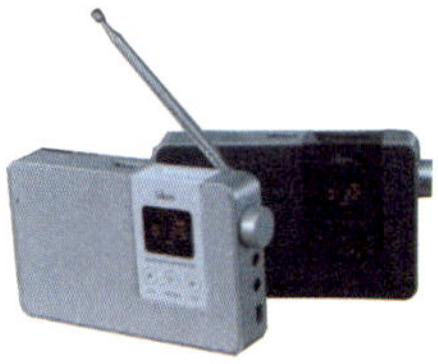

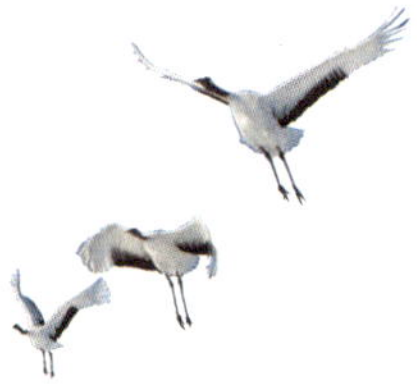

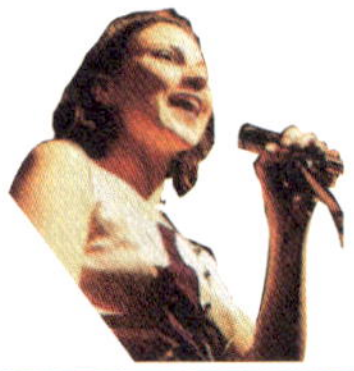

리을

| ㄹ | ㄹ | ㄹ | ㄹ | ㄹ |

라디오

두루미

노래

고라니

라이터

머리

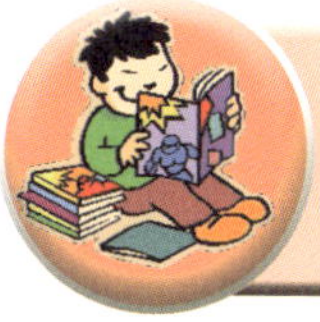

다음 자음자를 순서에 따라 바르게 쓰고, 받침 없는 낱말을 큰 소리로 읽고 써 보세요. (국어 1-1가 32~61쪽 국어활동 1-1 10~27쪽)

미음

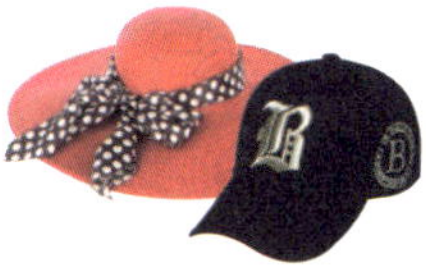

ㅁ ㅁ ㅁ ㅁ ㅁ

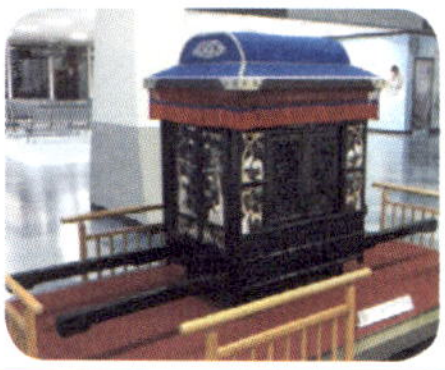

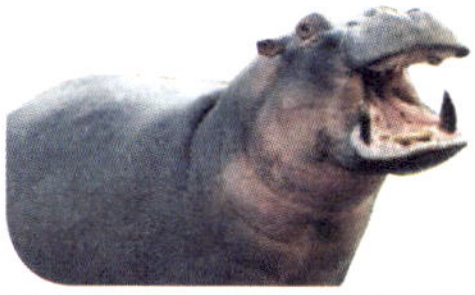

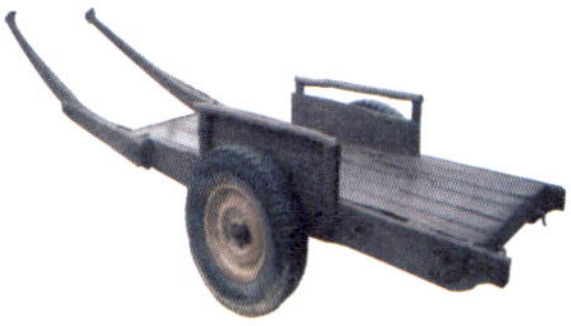

가마 모자 하마 마차

마이크 마스크 마루

 다음 자음자를 순서에 따라 바르게 쓰고, 받침 없는 낱말을 큰 소리로 읽고 써 보세요. (국어 1-1가 32~61쪽 국어활동 1-1 10~27쪽)

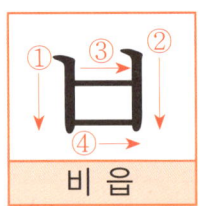
비읍

ㅂ ㅂ ㅂ ㅂ ㅂ

보자기

바구니

바다

부채

바지

보리

비누

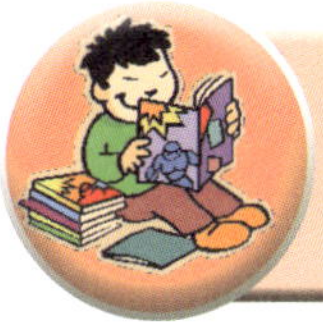

다음 자음자를 순서에 따라 바르게 쓰고, 받침 없는 낱말을 큰 소리로 읽고 써 보세요. (국어 1-1가 32~61쪽 국어활동 1-1 10~27쪽)

ㅅ ①②	ㅅ	ㅅ	ㅅ	ㅅ	ㅅ
시옷					

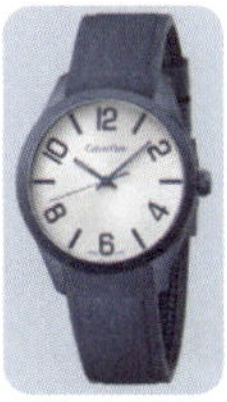

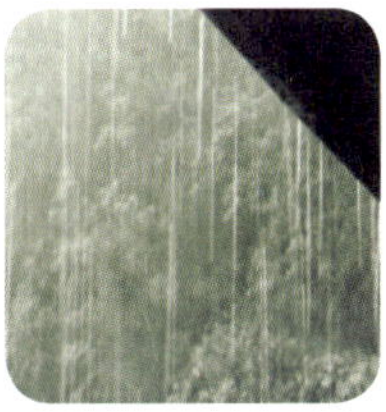

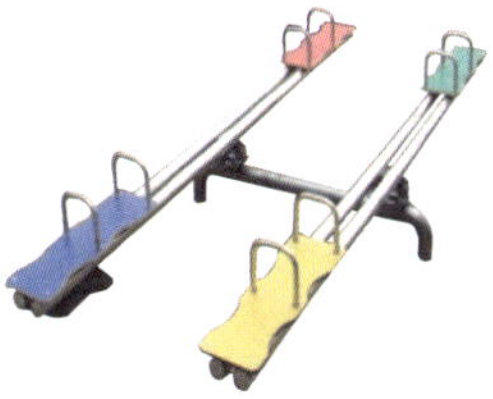

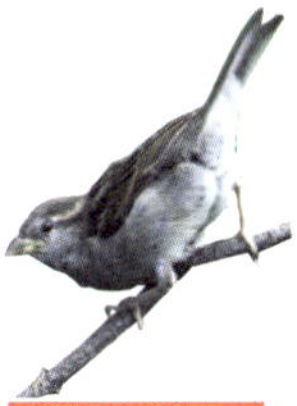

시	계
시	계

소	나	기
소	나	기

시	소
시	소

새
새

수	도
수	도

사	자
사	자

소	라
소	라

스	키
스	키

다음 자음자를 순서에 따라 바르게 쓰고, 받침 없는 낱말을 큰 소리로 읽고 써 보세요. (국어 1-1가 32~61쪽 국어활동 1-1 10~27쪽)

① ㅇ	ㅇ	ㅇ	ㅇ	ㅇ	ㅇ
이응					

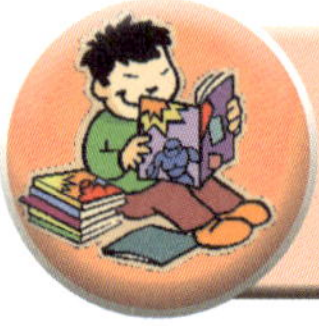

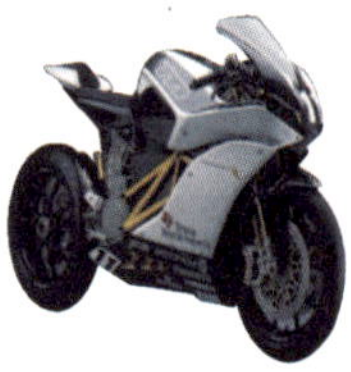

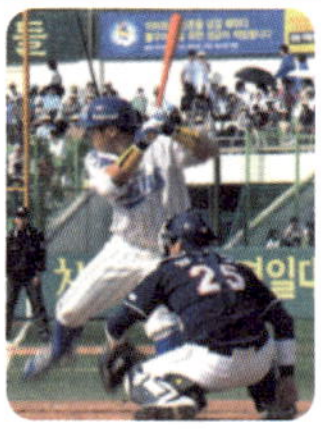

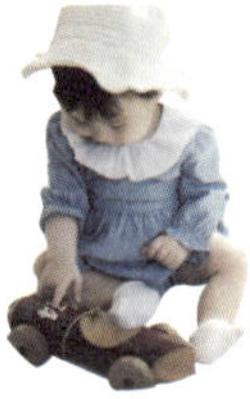

오	토	바	이
오	토	바	이

야	구
야	구

아	기
아	기

어	부
어	부

여	우
여	우

오	리
오	리

우	유
우	유

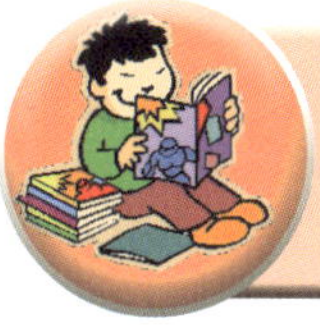

다음 자음자를 순서에 따라 바르게 쓰고, 받침 없는 낱말을 큰 소리로 읽고 써 보세요. (국어 1-1가 32~61쪽 국어활동 1-1 10~27쪽)

ㅈ ① ②

지읒

ㅈ ㅈ ㅈ ㅈ ㅈ

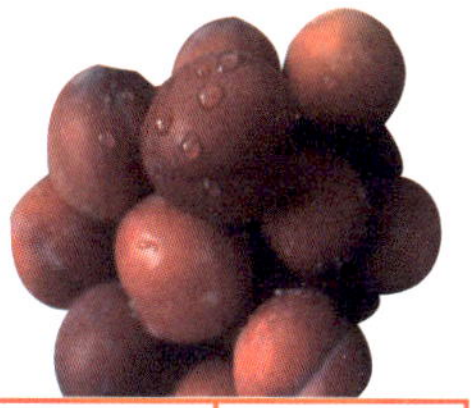

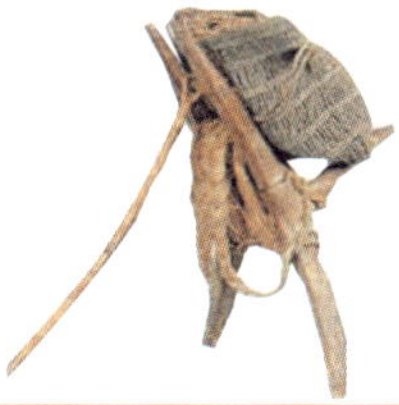

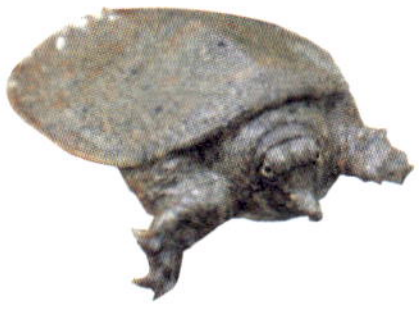

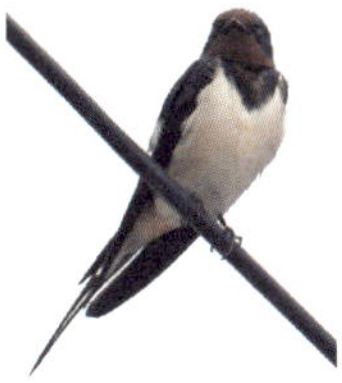

자	두
자	두

지	게
지	게

자	라
자	라

제	비
제	비

저	고	리
저	고	리

주	사	기
주	사	기

지	구
지	구

 다음 자음자를 순서에 따라 바르게 쓰고, 받침 없는 낱말을 큰 소리로 읽고 써 보세요. (국어 1-1가 32~61쪽 국어활동 1-1 10~27쪽)

 치읓

ㅊ ㅊ ㅊ ㅊ ㅊ

차	표	고	추	초	가	기	차
차	표	고	추	초	가	기	차

차	고	스	포	ㅊ	추	수	치	마
차	고	스	포	ㅊ	추	수	치	마

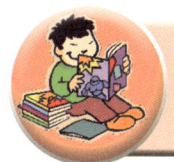

다음 자음자를 순서에 따라 바르게 쓰고, 받침 없는 낱말을 큰 소리로 읽고 써 보세요. (국어 1-1가 32~61쪽 국어활동 1-1 10~27쪽)

ㅋ ①②
키읔

ㅋ	ㅋ	ㅋ	ㅋ	ㅋ

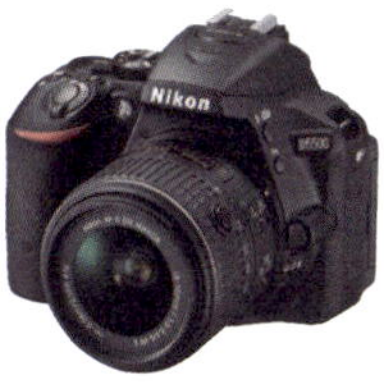

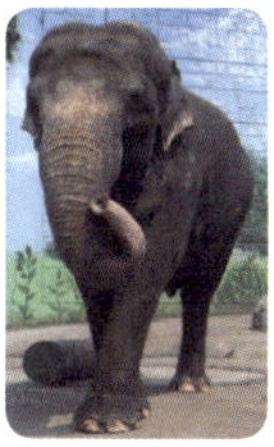

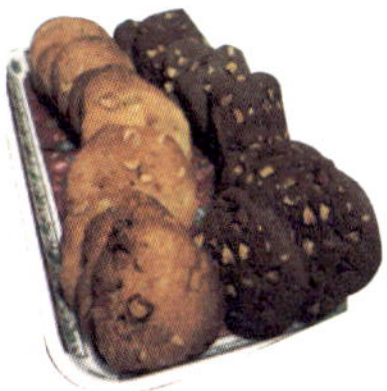

카	메	라
카	메	라

코	끼	리
코	끼	리

쿠	키
쿠	키

카	카	오
카	카	오

바	퀴
바	퀴

크	레	파	스
크	레	파	스

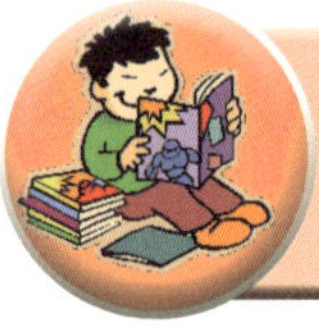

다음 자음자를 순서에 따라 바르게 쓰고, 받침 없는 낱말을 큰 소리로 읽고 써 보세요. (국어 1-1가 32~61쪽 국어활동 1-1 10~27쪽)

ㅌ (①②③)	ㅌ	ㅌ	ㅌ	ㅌ	ㅌ
티읕					

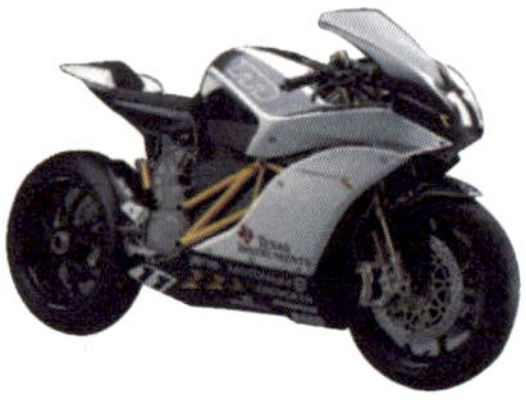

오	토	바	이
오	토	바	이

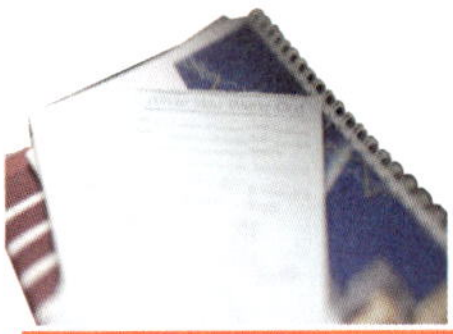

노	트
노	트

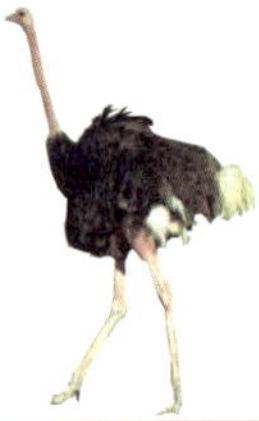

타	조
타	조

토	마	토
토	마	토

투	수
투	수

토	끼
토	끼

다음 자음자를 순서에 따라 바르게 쓰고, 받침 없는 낱말을 큰 소리로 읽고 써 보세요. (국어 1-1가 32~61쪽 국어활동 1-1 10~27쪽)

ㅍ ①②③④

피읖

ㅍ	ㅍ	ㅍ	ㅍ	ㅍ

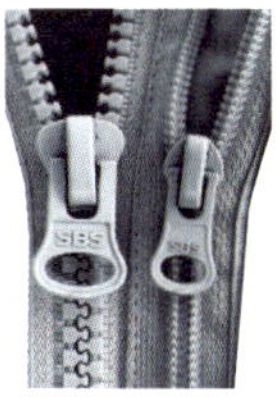

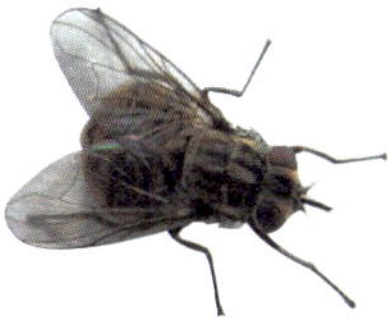

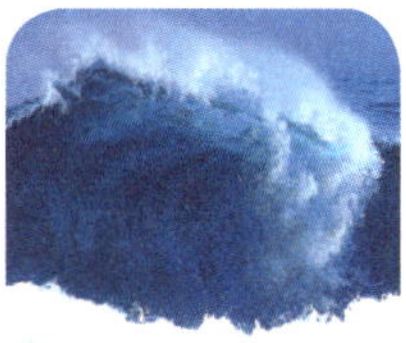

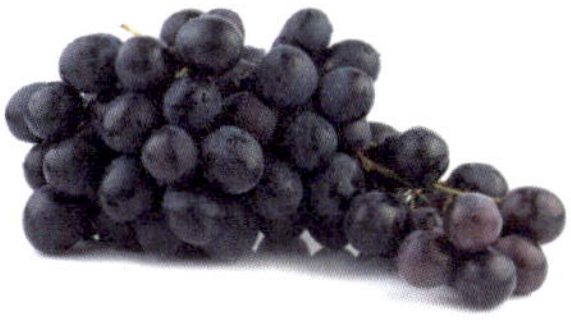

지	퍼
지	퍼

파	리
파	리

파	도
파	도

포	도
포	도

피	아	노
피	아	노

파	이	프
파	이	프

소	포
소	포

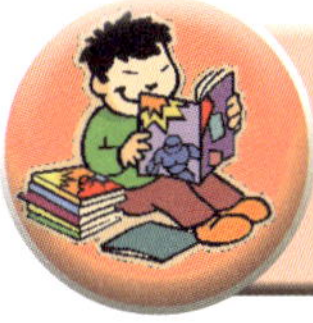

 다음 자음자를 순서에 따라 바르게 쓰고, 받침 없는 낱말을 큰 소리로 읽고 써 보세요. (국어 1-1가 32~61쪽 국어활동 1-1 10~27쪽)

히읗

ㅎ	ㅎ	ㅎ	ㅎ	ㅎ

호	루	라	기
호	루	라	기

하	마
하	마

후	추
후	추

허	수	아	비
허	수	아	비

오	후
오	후

휴	지
휴	지

 모음자 ㅏ ㅑ ㅓ ㅕ ㅗ ㅛ ㅜ ㅠ ㅣ 를 큰 소리로 읽고, 순서에 맞게 바르게 써 보세요. (국어 1-1가 62~91쪽 국어활동 1-1 28~39쪽)

아	ㅏ	ㅏ	ㅏ				
야	ㅑ	ㅑ	ㅑ				
어	ㅓ	ㅓ	ㅓ				
여	ㅕ	ㅕ	ㅕ				
오	ㅗ	ㅗ	ㅗ				
요	ㅛ	ㅛ	ㅛ				
우	ㅜ	ㅜ	ㅜ				
유	ㅠ	ㅠ	ㅠ				
으	ㅡ	ㅡ	ㅡ				
이	ㅣ	ㅣ	ㅣ				

 자음자와 모음자를 완성 시키며, 글자를 큰 소리로 읽고 바르게 써 보세요. (국어 1-1가 62~91쪽 국어활동 1-1 28~39쪽)

모음 자음	ㅏ	ㅑ	ㅓ	ㅕ	ㅗ	ㅛ	ㅜ	ㅠ	ㅡ	ㅣ
ㄱ	가	갸	거	겨	고	교	구	규	그	기
ㄴ	나	냐	너	녀	노	뇨	누	뉴	느	니
ㄷ	다	댜	더	뎌	도	됴	두	듀	드	디
ㄹ	라	랴	러	려	로	료	루	류	르	리
ㅁ	마	먀	머	며	모	묘	무	뮤	므	미
ㅂ	바	뱌	버	벼	보	뵤	부	뷰	브	비
ㅅ	사	샤	서	셔	소	쇼	수	슈	스	시

자음자와 모음자를 완성 시키며, 글자를 큰 소리로 읽고 바르게 써 보세요.

(국어 1-1가 62~91쪽 국어활동 1-1 28~39쪽)

자음\모음	ㅏ	ㅑ	ㅓ	ㅕ	ㅗ	ㅛ	ㅜ	ㅠ	ㅡ	ㅣ
ㅇ	아	야	어	여	오	요	우	유	으	이
ㅈ	자	쟈	저	져	조	죠	주	쥬	즈	지
ㅊ	차	챠	처	쳐	초	쵸	추	츄	츠	치
ㅋ	카	캬	커	켜	코	쿄	쿠	큐	크	키
ㅌ	타	탸	터	텨	토	툐	투	튜	트	티
ㅍ	파	퍄	퍼	펴	포	표	푸	퓨	프	피
ㅎ	하	햐	허	혀	호	효	후	휴	흐	히

다음 모음자를 순서에 따라 바르게 쓰고, 낱말을 큰 소리로 읽고 써 보세요.

(국어 1-1가 62~91쪽 국어활동 1-1 28~39쪽)

ㅏ ①② 아

ㅏ ㅏ ㅏ ㅏ ㅏ

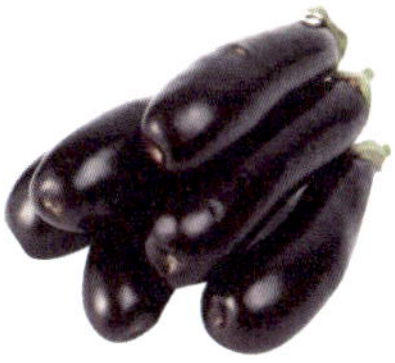
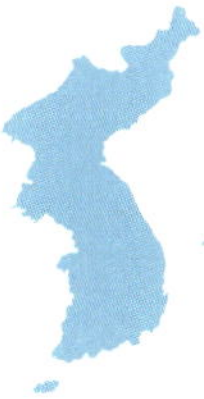
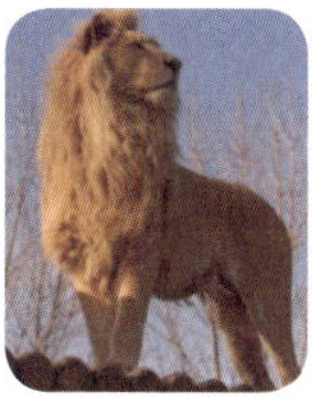
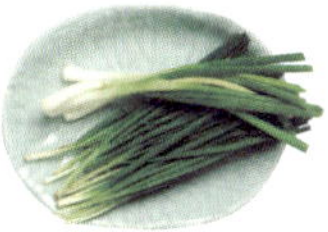
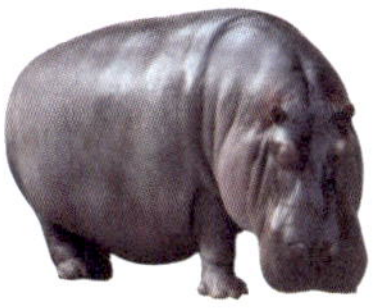

가	지	나	라	사	자	파	하	마
가	지	나	라	사	자	파	하	마

도	라	지	다	리	나	비	마	차
도	라	지	다	리	나	비	마	차

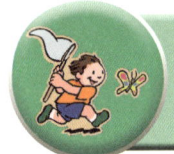

다음 모음자를 순서에 따라 바르게 쓰고, 낱말을 큰 소리로 읽고 써 보세요.

(국어 1-1가 62~91쪽 국어활동 1-1 28~39쪽)

ㅑ ①②③	ㅑ	ㅑ	ㅑ	ㅑ	ㅑ
야					

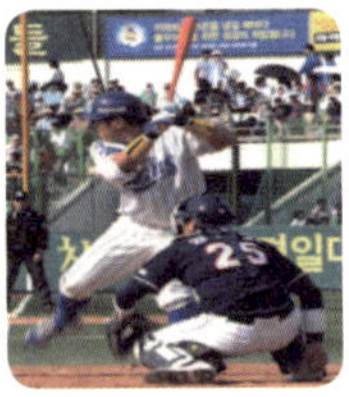

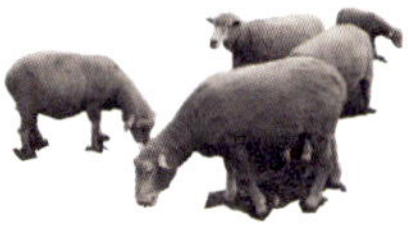

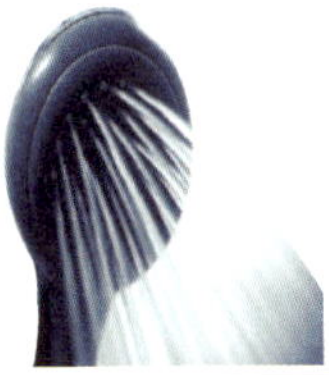

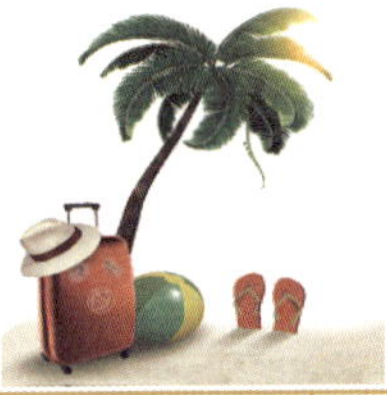

야	구
야	구

양
양

샤	워
샤	워

야	자	수
야	자	수

캬	라	멜
캬	라	멜

야	외
야	외

샤	프
샤	프

고	향
고	향

다음 모음자를 순서에 따라 바르게 쓰고, 낱말을 큰 소리로 읽고 써 보세요.

(국어 1-1가 62~91쪽 국어활동 1-1 28~39쪽)

ㅓ
어

버	스		허	수	아	비		어	묵
버	스		허	수	아	비		어	묵

기	러	기		아	버	지		어	부
기	러	기		아	버	지		어	부

 다음 모음자를 순서에 따라 바르게 쓰고, 낱말을 큰 소리로 읽고 써 보세요.

(국어 1-1가 62~91쪽 국어활동 1-1 28~39쪽)

ㅕ
여

ㅕ ㅕ ㅕ ㅕ ㅕ

여 름	겨 울	여 우	수 영
여 름	겨 울	여 우	수 영

소 녀	자 녀	헌 혈	여 행
소 녀	자 녀	헌 혈	여 행

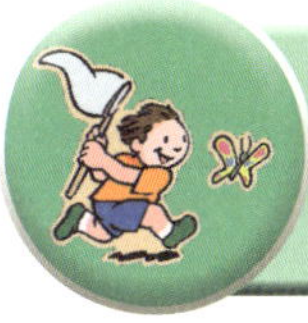

다음 모음자를 순서에 따라 바르게 쓰고, 낱말을 큰 소리로 읽고 써 보세요. (국어 1-1가 62~91쪽 국어활동 1-1 28~39쪽)

ㅗ ①②	ㅗ	ㅗ	ㅗ	ㅗ	ㅗ
오					

오	소	리
오	소	리

포	도
포	도

고	구	마
고	구	마

가	로	수
가	로	수

피	아	노
피	아	노

소	라
소	라

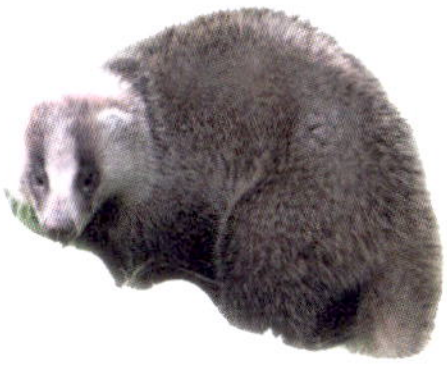

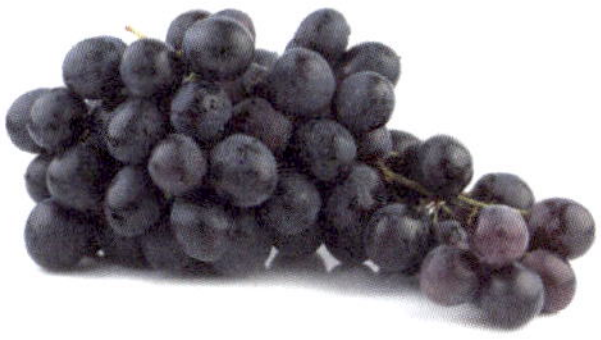

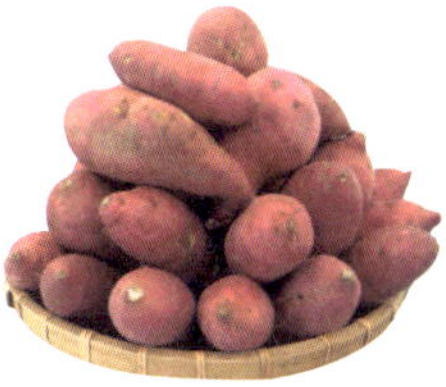

 다음 모음자를 순서에 따라 바르게 쓰고, 낱말을 큰 소리로 읽고 써 보세요.

(국어 1-1가 62~91쪽 국어활동 1-1 28~39쪽)

ㅛ
요

| 요 | 리 | | 우 | 표 | | 요 | 트 | | 공 | 룡 |

| 요 | 구 | 르 | 트 | | 요 | 가 | | 묘 | 목 |

다음 모음자를 순서에 따라 바르게 쓰고, 낱말을 큰 소리로 읽고 써 보세요.

(국어 1-1가 62~91쪽 국어활동 1-1 28~39쪽)

ㅜ	ㅜ	ㅜ	ㅜ	ㅜ	ㅜ
우					

구	두	비	누	우	주	부	채
구	두	비	누	우	주	부	채

주	사	기	두	루	미	우	산
주	사	기	두	루	미	우	산

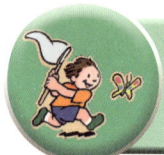

다음 모음자를 순서에 따라 바르게 쓰고, 낱말을 큰 소리로 읽고 써 보세요.

(국어 1-1가 62~91쪽 국어활동 1-1 28~39쪽)

① ② ③ ㅠ	ㅠ	ㅠ	ㅠ	ㅠ	ㅠ
유					

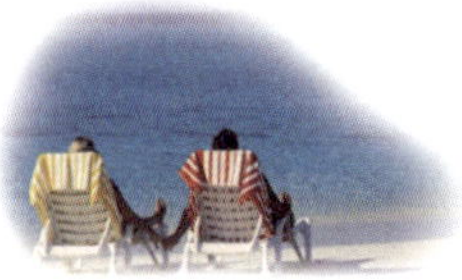
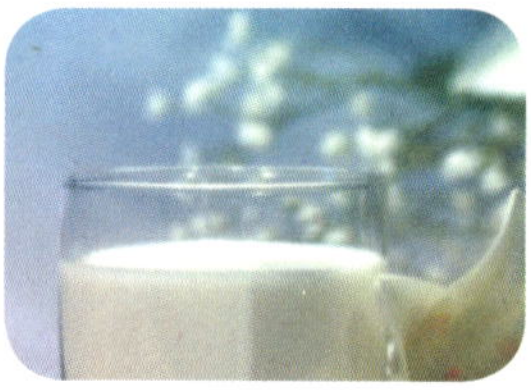
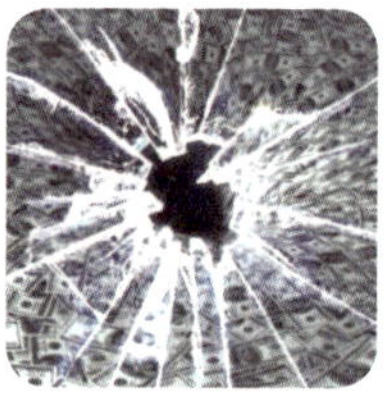
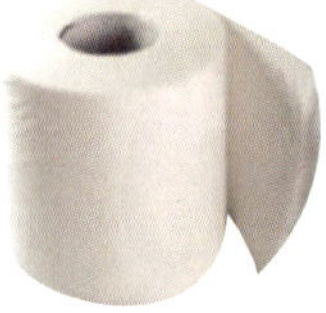

휴	가
휴	가

우	유
우	유

유	리
유	리

휴	지
휴	지

• 류성룡은 임진왜란 때 선조 임금을 수행 하며 왜군을 물리치는 데 큰 역할을 했던 재상입니다.

유	리	병
유	리	병

뉴	스
뉴	스

류	성	룡
류	성	룡

다음 모음자를 순서에 따라 바르게 쓰고, 낱말을 큰 소리로 읽고 써 보세요.

(국어 1-1가 62~91쪽 국어활동 1-1 28~39쪽)

① ㅡ	ㅡ	ㅡ	ㅡ	ㅡ	ㅡ
으					

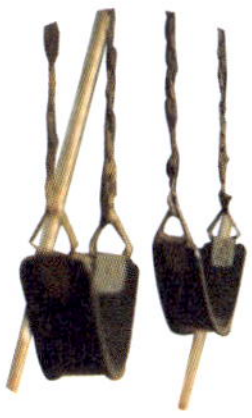

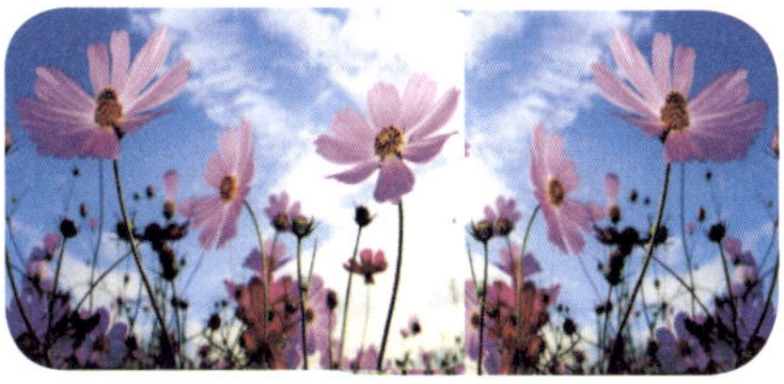

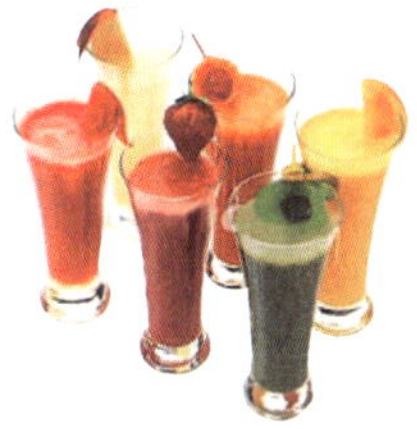

그	네
그	네

코	스	모	스
코	스	모	스

주	스
주	스

케	이	크
케	이	크

포	크
포	크

키	보	드
키	보	드

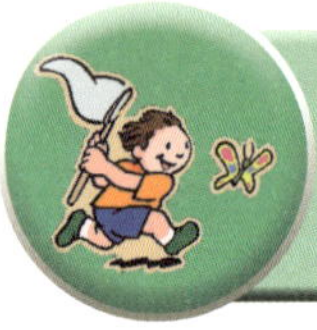

다음 모음자를 순서에 따라 바르게 쓰고, 낱말을 큰 소리로 읽고 써 보세요.

(국어 1-1가 62~91쪽 국어활동 1-1 28~39쪽)

① ㅣ

이

ㅣ ㅣ ㅣ ㅣ ㅣ

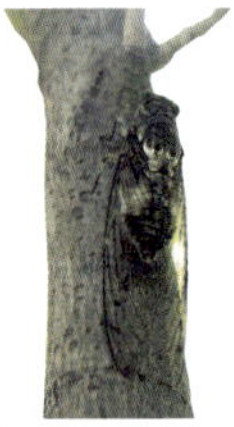

매미

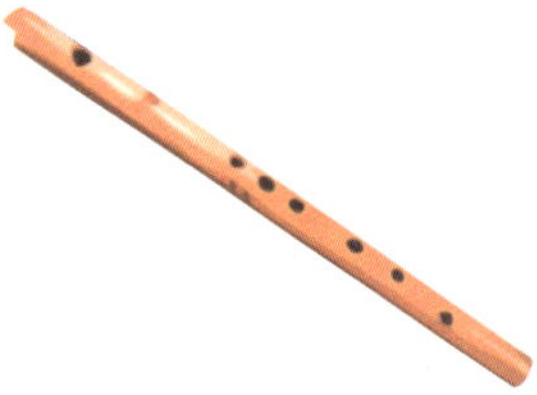

피리

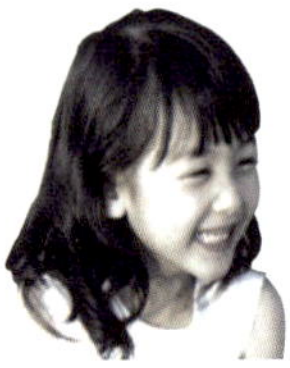

미소

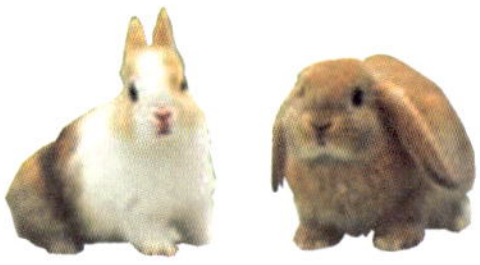

토끼

라디오

아기

기차

이마

다음 받침 없는 낱말을 소리 내어 읽고, 순서에 맞게 바르게 써 보세요.
(국어 1-1가 92~115쪽 국어활동 1-1 40~59쪽)

글자 짜임을 살펴봅시다.

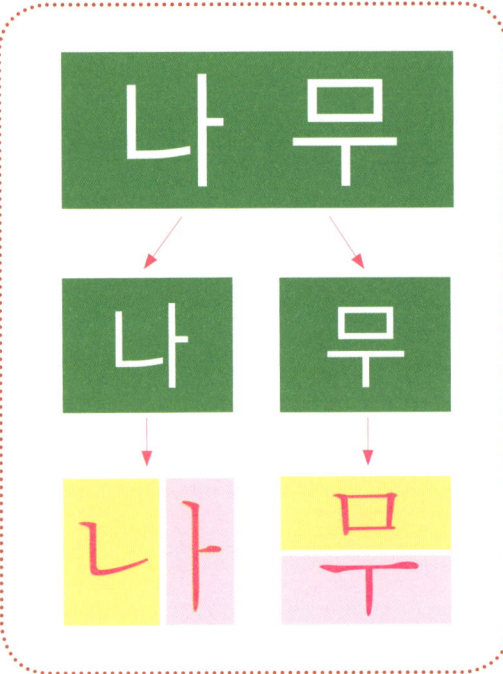

ㄴ+ㅏ ㅁ+ㅜ
나 무

ㅇ+ㅜ ㅇ+ㅠ
우 유

ㅂ+ㅏ ㄴ+ㅏ ㄴ+ㅏ
바 나 나

ㄷ+ㅜ ㄹ+ㅜ ㅁ+ㅣ
두 루 미

ㄱ+ㅗ ㄱ+ㅣ
고 기

다음 받침 없는 낱말을 소리 내어 읽고, 순서에 맞게 바르게 써 보세요
(국어 1-1가 92~115쪽 국어활동 1-1 40~59쪽)

글자 짜임을 살펴봅시다.

ㅁ+ㅗ ㅈ+ㅏ
모	자
모	자

ㅇ+ㅕ ㅇ+ㅜ
여	우
여	우

ㄷ+ㅏ ㄹ+ㅣ
다	리
다	리

ㅂ+ㅏ ㅈ+ㅣ
바	지
바	지

ㅈ+ㅏ ㄷ+ㅜ
자	두
자	두

ㄱ+ㅏ ㅈ+ㅣ
가	지
가	지

ㄱ+ㅗ ㅊ+ㅜ
고	추
고	추

ㅍ+ㅗ ㄷ+ㅗ
포	도
포	도

다음 받침 없는 낱말을 소리 내어 읽고, 순서에 맞게 바르게 써 보세요.
(국어 1-1가 92~115쪽 국어활동 1-1 40~59쪽)

글자 짜임을 살펴봅시다.

ㅇ+ㅗ ㄹ+ㅣ
오 리
오 리

ㄷ+ㅙ ㅈ+ㅣ
돼 지
돼 지

ㄴ+ㅓ ㄱ+ㅜ ㄹ+ㅣ
너 구 리
너 구 리

ㅇ+ㅗ ㅇ+ㅣ
오 이
오 이

ㅁ+ㅓ ㄹ+ㅣ
머 리
머 리

ㄱ+ㅗ ㄱ+ㅜ ㅁ+ㅏ
고 구 마
고 구 마

다음 받침 없는 낱말을 소리 내어 읽고, 순서에 맞게 바르게 써 보세요.

(국어 1-1가 92~115쪽 국어활동 1-1 40~59쪽)

글자 짜임을 살펴봅시다.

ㅇㅏ	ㅂㅓ	ㅈㅣ		ㅇㅓ	ㅁㅓ	ㄴㅣ		ㅁㅜ	ㅈㅣ	ㄱㅐ
아	버	지		어	머	니		무	지	개

ㅅㅡ	ㅋㅣ		ㄱㅓ	ㅁㅣ		ㅂㅜ	ㅁㅗ		ㄴㅏ	ㅂㅣ
스	키		거	미		부	모		나	비

다음 받침 없는 낱말을 소리 내어 읽고, 순서에 맞게 바르게 써 보세요.
(국어 1-1가 92~115쪽 국어활동 1-1 40~59쪽)

글자 짜임을 살펴봅시다.

ㄱ+ㅏ ㅁ+ㅏ   ㅈ+ㅜ ㅅ+ㅏ   ㅌ+ㅗ ㄲ+ㅣ   ㅇ+ㅓ ㄲ+ㅐ

가 마   주 사   토 끼   어 깨

ㅁ+ㅜ ㅈ+ㅣ ㄱ+ㅐ   ㅇ+ㅣ ㅁ+ㅏ   ㅈ+ㅏ ㄹ+ㅏ   ㄴ+ㅗ ㄹ+ㅜ

무 지 개   이 마   자 라   노 루

다음 받침 없는 낱말을 소리 내어 읽고, 순서에 맞게 바르게 써 보세요.
(국어 1-1가 92~115쪽 국어활동 1-1 40~59쪽)

글자 짜임을 살펴봅시다.

ㅌ+ㅗ ㅁ+ㅏ ㅌ+ㅗ
토 마 토

ㅈ+ㅣ ㅇ+ㅜ ㄱ+ㅐ
지 우 개

ㅊ+ㅏ ㅍ+ㅛ
차 표

ㅂ+ㅏ ㄷ+ㅏ
바 다

ㄱ+ㅡ ㄴ+ㅔ
그 네

ㄱ+ㅣ ㅊ+ㅏ
기 차

ㄱ+ㅏ ㄱ+ㅜ
가 구

다음 받침 없는 낱말을 소리 내어 읽고, 순서에 맞게 바르게 써 보세요.
(국어 1-1가 92~115쪽 국어활동 1-1 40~59쪽)

글자 짜임을 살펴봅시다.

ㄴ+ㅏ ㄹ+ㅏ — 나라

ㅎ+ㅠ ㅈ+ㅣ — 휴지

ㄱ+ㅐ ㅁ+ㅣ — 개미

ㅅ+ㅏ ㄱ+ㅘ — 사과

ㄱ+ㅏ ㅅ+ㅜ — 가수

ㄱ+ㅓ ㅁ+ㅓ ㄹ+ㅣ — 거머리

ㅅ+ㅣ ㄱ+ㅖ — 시계

ㅇ+ㅢ ㅈ+ㅏ — 의자

다음 받침 없는 낱말을 소리 내어 읽고, 순서에 맞게 바르게 써 보세요.

(국어 1-1가 92~115쪽 국어활동 1-1 40~59쪽)

글자 짜임을 살펴봅시다.

ㅊ+ㅣ	ㄱ+ㅘ		ㅍ+ㅏ	ㄷ+ㅗ		ㄴ+ㅜ	ㅇ+ㅔ		ㄷ+ㅜ	ㅂ+ㅜ
치	과		파	도		누	에		두	부

ㄱ+ㅐ	ㄱ+ㅜ	ㄹ+ㅣ		ㅂ+ㅏ	ㄱ+ㅜ	ㄴ+ㅣ		ㄱ+ㅓ	ㅇ+ㅟ
개	구	리		바	구	니		거	위

다음 받침 없는 낱말을 소리 내어 읽고, 순서에 맞게 바르게 써 보세요.
(국어 1-1가 92~115쪽 국어활동 1-1 40~59쪽)

글자 짜임을 살펴봅시다.

ㄴ+ㅓ	ㄱ+ㅜ	ㄹ+ㅣ
너	구	리

ㅅ+ㅏ	ㅈ+ㅏ
사	자

ㄴ+ㅏ	ㅇ+ㅣ	ㅌ+ㅔ
나	이	테

ㄴ+ㅠ	ㅅ+ㅡ
뉴	스

ㅂ+ㅓ	ㅅ+ㅡ	ㄱ+ㅣ	ㅅ+ㅏ
버	스	기	사

ㅇ+ㅏ	ㄱ+ㅣ
아	기

다음 받침 없는 낱말을 소리 내어 읽고, 순서에 맞게 바르게 써 보세요.
(국어 1-1가 92~115쪽 국어활동 1-1 40~59쪽)

글자 짜임을 살펴봅시다.

ㄴ+ㅏ ㅅ+ㅏ

나	사

ㄹ+ㅏ ㄷ+ㅣ ㅇ+ㅗ

라	디	오

ㄷ+ㅏ ㄹ+ㅣ ㅁ+ㅣ

다	리	미

ㅅ+ㅏ ㄷ+ㅏ ㄹ+ㅣ

사	다	리

ㄷ+ㅗ ㅌ+ㅗ ㄹ+ㅣ

도	토	리

ㅋ+ㅏ ㄷ+ㅡ

카	드

61

다음 받침 없는 낱말을 소리 내어 읽고, 순서에 맞게 바르게 써 보세요.

(국어 1-1가 92~115쪽 국어활동 1-1 40~59쪽)

글자 짜임을 살펴봅시다.

ㄹ+ㅏ ㅇ+ㅣ ㅌ+ㅓ

라 이 터

ㄱ+ㅣ ㄹ+ㅓ ㄱ+ㅣ

기 러 기

ㅁ+ㅏ ㅊ+ㅏ

마 차

ㅁ+ㅏ ㅇ+ㅣ ㅋ+ㅡ

마 이 크

ㅁ+ㅏ ㅅ+ㅡ ㅋ+ㅡ

마 스 크

ㅁ+ㅓ ㄹ+ㅜ

머 루

다음 받침 없는 낱말을 소리 내어 읽고, 순서에 맞게 바르게 써 보세요.
(국어 1-1가 92~115쪽 국어활동 1-1 40~59쪽)

글자 짜임을 살펴봅시다.

ㅁ+ㅏ ㄹ+ㅜ	ㅂ+ㅗ ㄹ+ㅣ	ㅂ+ㅜ ㅊ+ㅐ	ㅅ+ㅣ ㅅ+ㅗ
마루	보리	부채	시소

ㅅ+ㅜ ㄷ+ㅗ	ㅈ+ㅣ ㅍ+ㅓ	ㅇ+ㅑ ㄱ+ㅜ	ㅇ+ㅓ ㅂ+ㅜ
수도	지퍼	야구	어부

다음 받침 없는 낱말을 소리 내어 읽고, 순서에 맞게 바르게 써 보세요.
(국어 1-1가 92~115쪽 국어활동 1-1 40~59쪽)

글자 짜임을 살펴봅시다.

ㅇ+ㅠ ㄹ+ㅣ
유 리

ㅈ+ㅣ ㄱ+ㅜ
지 구

ㅈ+ㅣ ㄷ+ㅗ
지 도

ㅊ+ㅗ ㄱ+ㅏ
초 가

ㅈ+ㅜ ㅅ+ㅏ ㄱ+ㅣ
주 사 기

ㅊ+ㅣ ㅁ+ㅏ
치 마

ㅋ+ㅏ ㅁ+ㅔ ㄹ+ㅏ
카 메 라

다음 받침 없는 낱말을 소리 내어 읽고, 순서에 맞게 바르게 써 보세요.
(국어 1-1가 92~115쪽 국어활동 1-1 40~59쪽)

글자 짜임을 살펴봅시다.

ㅋ+ㅗ ㄲ+ㅣ ㄹ+ㅣ

코 끼 리

ㅋ+ㅜ ㅋ+ㅣ

쿠 키

ㅅ+ㅡ ㅋ+ㅣ

스 키

ㅋ+ㅡ ㄹ+ㅔ ㅍ+ㅏ ㅅ+ㅡ

크 레 파 스

ㄱ+ㅣ ㅌ+ㅏ

기 타

ㅌ+ㅏ ㅈ+ㅗ

타 조

65

다음 받침 없는 낱말을 소리 내어 읽고, 순서에 맞게 바르게 써 보세요.
(국어 1-1가 92~115쪽 국어활동 1-1 40~59쪽)

글자 짜임을 살펴봅시다.

ㅌ+ㅜ	ㅅ+ㅜ
투	수

ㅇ+ㅗ	ㅌ+ㅗ	ㅂ+ㅏ	ㅇ+ㅣ
오	토	바	이

ㄴ+ㅗ	ㅌ+ㅡ
노	트

ㅍ+ㅏ	ㄹ+ㅣ
파	리

ㅇ+ㅏ	ㅍ+ㅏ	ㅌ+ㅡ
아	파	트

ㅍ+ㅣ	ㅇ+ㅏ	ㄴ+ㅗ
피	아	노

다음 받침 없는 낱말을 소리 내어 읽고, 순서에 맞게 바르게 써 보세요.
(국어 1-1가 92~115쪽 국어활동 1-1 40~59쪽)

글자 짜임을 살펴봅시다.

ㅅ+ㅗ ㅍ+ㅗ ㅎ+ㅏ ㅁ+ㅏ ㅍ+ㅣ ㄹ+ㅣ ㅅ+ㅔ ㅁ+ㅜ

소 포   하 마   피 리   세 무

ㅎ+ㅓ ㅅ+ㅜ ㅇ+ㅏ ㅂ+ㅣ   ㅎ+ㅜ ㅊ+ㅜ   ㅍ+ㅗ ㅋ+ㅡ

허 수 아 비   후 추   포 크

67

 다음 모음자 'ㅐ'를 순서에 따라 쓰고, 낱말을 큰 소리로 읽고 바르게 써 보세요. (국어 1-1가 92~115쪽 국어활동 1-1 40~59쪽)

| ㅐ 애 | ㅐ | ㅐ | ㅐ | ㅐ | ㅐ |

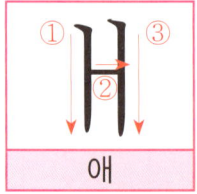

| 무 | 지 | 개 |
| 무 | 지 | 개 |

| 개 | 구 | 리 |
| 개 | 구 | 리 |

| 고 | 래 |
| 고 | 래 |

| 부 | 채 |
| 부 | 채 |

| 배 | 추 |
| 배 | 추 |

| 물 | 개 |
| 물 | 개 |

| 베 | 개 |
| 베 | 개 |

 다음 모음자 'ㅔ'를 순서에 따라 쓰고, 낱말을 큰 소리로 읽고 바르게 써 보세요.

(국어 1-1가 92~115쪽 국어활동 1-1 40~59쪽)

ㅔ
에

| ㅔ | ㅔ | ㅔ | ㅔ | ㅔ |

제	비
꽃	게
누	에
그	네

카	메	라
네	온
크	레	파	스

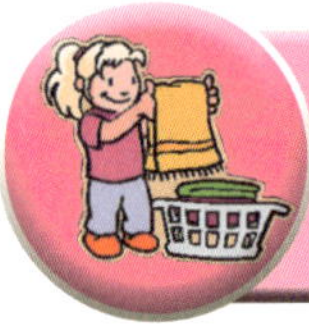

다음 모음자 'ㅚ ㅟ'를 순서에 따라 쓰고, 낱말을 큰 소리로 읽고 바르게 써 보세요. (국어 1-1가 92~115쪽 국어활동 1-1 40~59쪽)

ㅚ ① ② ③

외

ㅚ ㅚ ㅚ ㅚ ㅚ

왼	쪽
왼	쪽

최	고
최	고

참	외
참	외

열	쇠
열	쇠

ㅟ ① ② ③

위

ㅟ ㅟ ㅟ ㅟ ㅟ

바	위
바	위

가	위
가	위

위	치
위	치

위	생
위	생

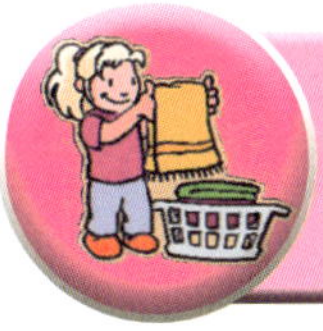

다음 모음자 'ㅘ ㅝ'를 순서에 따라 쓰고, 낱말을 큰 소리로 읽고 바르게 써 보세요. (국어 1-1가 92~115쪽 국어활동 1-1 40~59쪽)

ㅘ (①②③④)
와

ㅘ ㅘ ㅘ ㅘ ㅘ

와	인	과	목	화	랑	생	화
와	인	과	목	화	랑	생	화

ㅝ (①②③④)
워

ㅝ ㅝ ㅝ ㅝ ㅝ

원	색	월	척	의	원	학	원
원	색	월	척	의	원	학	원

다음 모음자 'ㅙ ㅢ'를 순서에 따라 쓰고, 낱말을 큰 소리로 읽고 바르게 써 보세요. (국어 1-1가 92~115쪽 국어활동 1-1 40~59쪽)

ㅙ ①②③④⑤

왜

ㅙ	ㅙ	ㅙ	ㅙ	ㅙ

돼	지	왜	군	인	쇄	통	쾌
돼	지	왜	군	인	쇄	통	쾌

ㅢ ①②

의

ㅢ	ㅢ	ㅢ	ㅢ	ㅢ

의	자	의	사	무	늬	의	원
의	자	의	사	무	늬	의	원

5. 다정하게 인사해요

❤ 알맞은 인사말을 해 봅시다.

다섯

- 인사할 때의 마음가짐 알아봅시다.
- 알맞은 인사말 알아봅시다.
- 상황에 맞는 인사말을 해 봅시다.
- 바르게 인사를 해 봅시다.

다음 인사말을 읽어 보고, 어떤 인사말 인지를 생각하며 바르게 써 보세요.

(국어 1-1가 116~141쪽 국어활동 1-1 60~63쪽)

할아버지, 할머니, 오래 오래 건강하시기 바랍니다.

오랜만입니다.

다음 인사말을 읽어 보고, 어떤 인사말 인지를 생각하며 바르게 써 보세요.

(국어 1-1가 116~141쪽 국어활동 1-1 60~63쪽)

안녕?

학교에 다녀오겠습니다.

할아버지, 안녕하세요?

안녕히 주무셨어요?

다음 인사말을 읽어 보고, 어떤 인사말 인지를 생각하며 바르게 써 보세요. (국어 1-1가 116~141쪽 국어활동 1-1 60~63쪽)

선생님, 안녕히 가세요.

안녕히 다녀오셨어요?

안녕히 다녀오세요.

잘 다녀오겠습니다.

 다음 인사말을 읽어 보고, 어떤 인사말 인지를 생각하며 바르게 써 보세요. (국어 1-1가 116~141쪽 국어활동 1-1 60~63쪽)

반갑습니다.

잘 먹겠습니다.

학교 다녀왔습니다.

고맙습니다.

다음 인사말을 읽어 보고, 어떤 인사말 인지를 생각하며 바르게 써 보세요.

(국어 1-1가 116~141쪽 국어활동 1-1 60~63쪽)

❀ 퇴근하여 오셨을 때.

안녕히 다녀 오셨어요?

❀ 축하할 때.

축하해.

❀ 학교에 갈 때.

다녀 오겠습니다.

❀ 고마운 마음을 나타낼 때.

고맙습니다.

❀ 밤에 주무시려 할 때.

안녕히 주무세요.

❀ 이웃집 어른을 만났을 때.

안녕하세요?

❀ 친구와 헤어질 때.

친구야, 잘 가!

❀ 아침에 일어났을 때.

안녕히 주무셨어요?

6* 받침이 있는 글자

받침이 있는 글자를 읽고 써 봅시다.

여섯

- 받침이 있는 글자의 짜임을 알아봅시다.
- 받침이 있는 글자를 읽어 봅시다.
- 받침이 있는 글자를 써 봅시다.
- 받침이 있는 글자로 놀이 해 봅시다.

다음 받침이 있는 낱말을 큰 소리 내어 읽고, 순서에 맞게 바르게 써 보세요.

(국어 1-1나 150~175쪽 국어활동 1-1 64~75쪽)

숲	강	돌	곰	집	밭	밥
숲	강	돌	곰	집	밭	밥

못	창	잠	콩	팔	국	팥
못	창	잠	콩	팔	국	팥

다음 받침이 있는 낱말을 큰 소리 내어 읽고, 순서에 맞게 바르게 써 보세요.　(국어 1-1나　150~175쪽　국어활동 1-1　64~75쪽)

달	말	돌	빗	옷	눈	낫
달	말	돌	빗	옷	눈	낫

빌	방	김	붓	목	윷	낯
빌	방	김	붓	목	윷	낯

 다음 받침이 있는 낱말을 큰 소리 내어 읽고, 순서에 맞게 바르게 써 보세요.

(국어 1-1 나 150~175쪽 국어활동 1-1 64~75쪽)

| 복 | 승 | 아 | | 옥 | 수 | 수 | | 이 | 불 |

| 상 | 추 | | 당 | 근 | | 단 | 호 | 박 | | 감 | 자 |

다음 받침이 있는 낱말을 큰 소리 내어 읽고, 순서에 맞게 바르게 써 보세요.　　(국어 1-1 나 150~175쪽 국어활동 1-1 64~75쪽)

안 경	양 말	김 치	필 통
안 경	양 말	김 치	필 통

거 울	장 갑	치 약	공 책
거 울	장 갑	치 약	공 책

다음 받침이 있는 낱말을 큰 소리 내어 읽고, 순서에 맞게 바르게 써 보세요. (국어 1-1 나 150~175쪽 국어활동 1-1 64~75쪽)

| 형님 | 호랑이 | 나무꾼 |

| 칫솔 | 울고 | 탈 | 음료수 |

다음 흉내말을 큰 소리 내어 읽고, 순서에 맞게 바르게 써 보세요.
(국어 1-1 나 150~175쪽 국어활동 1-1 64~75쪽)

깡	충	깡	충
깡	충	깡	충

폴	짝	폴	짝
폴	짝	폴	짝

어	슬	렁	어	슬	렁
어	슬	렁	어	슬	렁

어	흥
어	흥

엉	금	엉	금
엉	금	엉	금

데	굴	데	굴
데	굴	데	굴

다음 흉내말을 큰 소리 내어 읽고, 순서에 맞게 바르게 써 보세요.

(국어 1-1 나 150~175쪽 국어활동 1-1 64~75쪽)

깡충깡충 뛰어갑니다.

엉금엉금 기어갑니다.

방글방글 웃고 있어요.

삐악삐악 노래 불러요.

다음 흉내말을 큰 소리 내어 읽고, 순서에 맞게 바르게 써 보세요.
(국어 1-1 나 150~175쪽 국어활동 1-1 64~75쪽)

훨훨 날아갑니다.

훌쩍 뜁니다.

주렁주렁 달렸습니다.

둥실둥실 떠내려갑니다.

다음 받침이 있는 낱말을 큰 소리 내어 읽고, 순서에 맞게 바르게 써 보세요.

(국어 1-1나 150~175쪽 국어활동 1-1 64~75쪽)

| 호 | 랑 | 이 | 둥 | 둥 | 엄 | 마 | 풍 | 덩 |

| 반 | 지 | 단 | 추 | 책 | 상 | 달 | 력 |

다음 받침이 있는 낱말을 큰 소리 내어 읽고, 순서에 맞게 바르게 써 보세요.

(국어 1-1나 150~175쪽 국어활동 1-1 64~75쪽)

  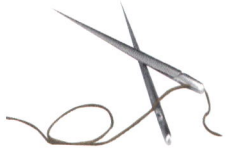

장	난	감
장	난	감

비	둘	기
비	둘	기

바	늘
바	늘

물	개
물	개

필	통
필	통

칠	판
칠	판

연	필
연	필

다음 받침이 있는 낱말을 큰 소리 내어 읽고, 순서에 맞게 바르게 써 보세요.

(국어 1-1나 150~175쪽 국어활동 1-1 64~75쪽)

| 참새 | 감자 | 실험 | 사슴 |

| 얼굴 | 절약 | 굴뚝 | 설탕 |

다음 받침이 있는 낱말을 큰 소리 내어 읽고, 순서에 맞게 바르게 써 보세요.

(국어 1-1나 150~175쪽 국어활동 1-1 64~75쪽)

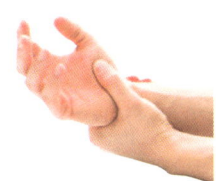

일	기	장		팔	목		재	봉	틀
일	기	장		팔	목		재	봉	틀

걸	레		배	달		하	늘		털	실
걸	레		배	달		하	늘		털	실

91

다음 받침이 있는 낱말을 큰 소리 내어 읽고, 순서에 맞게 바르게 써 보세요.

(국어 1-1나 150~175쪽 국어활동 1-1 64~75쪽)

| 짐 | 수 | 레 | | 실 | 내 | 화 | | 장 | 롱 |

| 물 | 통 | | 일 | 요 | 일 | | 줄 | 넘 | 기 |

다음 받침이 있는 낱말을 큰 소리 내어 읽고, 순서에 맞게 바르게 써 보세요.

(국어 1-1나 150~175쪽 국어활동 1-1 64~75쪽)

| 컴 | 퓨 | 터 | | 심 | 부 | 름 | | 탈 | 춤 |

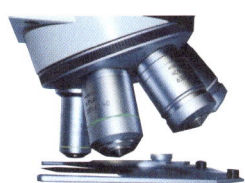   

| 발 | 견 | | 움 | 막 | | 홈 | 런 | | 김 | 밥 |

다음 받침이 있는 낱말을 큰 소리 내어 읽고, 순서에 맞게 바르게 써 보세요.

(국어 1-1나 150~175쪽 국어활동 1-1 64~75쪽)

| 자 | 동 | 차 | 농 | 구 | 염 | 소 | 기 | 린 |

| 우 | 체 | 국 | 소 | 방 | 서 | 보 | 름 | 달 |

다음 그림을 보고 생각을 나타내는 문장을 큰 소리로 읽고, 바르게 써 보세요.

(국어 1-1 나 176~203쪽 국어활동 1-1 76~83쪽)

아버지께서 지금 집에 계십니다.

집에 계십니다.

아버지께서 아기를 안고 안으로 들어가십니다.

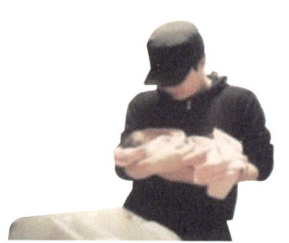

들어 가십니다.

시골에 계신 할머니를 모시고 왔어요.

모시고 왔어요.

 다음 생각을 나타내는 문장을 큰 소리로 읽고, 바르게 써 보세요.
(국어 1-1 나 176~203쪽 국어활동 1-1 76~83쪽)

어머니는 웃으며 손을
흔듭니다.

곰이 잠을
잡니다.

친구에게 공을
던집니다.

친구가 책을
읽습니다.

호랑이가
미끄럼틀을 타요.

다음 그림을 보고 생각을 나타내는 문장을 큰 소리로 읽고, 바르게 써 보세요.

(국어 1-1나 176~203쪽 국어활동 1-1 76~83쪽)

아버지는 모자를

씁	니	다	.

나는 자전거를

탑	니	다	.

동생은 같이 가고 싶다고 발을

구	릅	니	다	.

다음 그림을 보고 생각을 나타내는 문장을 큰 소리로 읽고 바르게 써 보세요.

(국어 1-1나 176~203쪽 국어활동 1-1 76~83쪽)

악어가 이를

| 닦 | 습 | 니 | 다 | . |

사자가 공을

| 찼 | 습 | 니 | 다 | . |

토끼가 밥을

| 먹 | 습 | 니 | 다 | . |

다음 그림을 보고 생각을 나타내는 문장을 큰 소리로 읽고, 바르게 써 보세요.

(국어 1-1나 176~203쪽 국어활동 1-1 76~83쪽)

콩쥐가 울고 있습니다.

항아리가 깨졌습니다.

두꺼비가 콩쥐를 도와줍니다.

다음 그림을 보고 생각을 나타내는 문장을 큰 소리로 읽고 바르게 써 보세요.
(국어 1-1나 176~203쪽 국어활동 1-1 76~83쪽)

자라가 토끼를 만납니다.

자라가 토끼에게 인사를 합니다.

토끼는 자라의 등에 탔습니다.

다음 그림을 보고 생각을 나타내는 문장을 큰 소리로 읽고, 바르게 써 보세요. (국어 1-1나 176~203쪽 국어활동 1-1 76~83쪽)

토끼와 자라가 용궁으로 갑니다.

토끼와 자라가 용궁으로 갑니다.

토끼는 밧줄에 묶여 있습니다.

토끼는 밧줄에 묶여 있습니다.

문어는 창을 들고 있습니다.

문어는 창을 들고 있습니다.

 다음 생각을 나타내는 문장을 큰 소리로 읽고, 바르게 써 보세요. (국어 1-1나 176~203쪽 국어활동 1-1 76~83)

다람쥐가 마이크를 들고 노래를 합니다.

원숭이가 춤을 춥니다.

악어가 오르간을 연주합니다.

 다음 그림을 보고 생각을 나타내는 문장을 큰 소리로 읽고, 바르게 써 보세요. (국어 1-1나 176~203쪽 국어활동 1-1 76~83쪽)

강아지가 공을 굴립니다.
강아지가 공을 굴립니다.

나비가 꽃잎에 앉았습니다.
나비가 꽃잎에 앉았습니다.

달팽이가 움직이기 시작했어요.
달팽이가 움직이기 시작했어요.

8. 소리내어 또박또박 읽어요

문장 부호를 생각하며 글을 띄어 읽어 봅시다.

여덟

- 문장 부호 알아봅시다.
- 문장 부호의 쓰임을 알아봅시다.
- 문장 부호에 맞게 띄어 읽는 방법을 알아봅시다.
- 문장 부호에 맞게 띄어 읽어 봅시다.
- 이야기 읽기 극장을 해 봅시다.

 다음 문장 부호를 생각하며 글을 띄어 읽고, 바르게 따라 써 보세요.
(국어 1-1나 204~231쪽 국어활동 1-1 84~91쪽)

 • 마침표(온점) : 문장이 끝났을 때 붙입니다.

마	침	표	.	.	.	.	.	.

 , 반점(쉼표) : 의미가 잠깐 중지되거나, 읽을 때 쉴 자리에 씁니다.

쉼	표	,	,	,	,	,	,	,

 ? 물음표 : 의문이나 물음을 나타낼 때 씁니다.

물	음	표	?	?	?	?	?	?

! 느낌표 : 느낌이나 감탄 등을 나타낼 때 씁니다.

느	낌	표	!	!	!	!	!	!

다음 문장 부호를 생각하며 글을 띄어 읽고, 바르게 따라 써 보세요.

(국어 1-1나 204~231쪽 국어활동 1-1 84~91쪽)

"곰아, 저 나무에 있는 꿀을 따서 나누어 먹지 않을래?"

'헤헤, 맛있겠다.

다음 문장 부호를 생각하며 글을 띄어 읽고, 바르게 따라 써 보세요. (국어 1-1나 204~231쪽 국어활동 1-1 84~91쪽)

어서 들어가자.

어서 들어가, 자.

어서 들어, 가자.

다음 문장 부호를 생각하며 글을 띄어 읽고, 바르게 따라 써 보세요. (국어 1-1나 204~231쪽 국어활동 1-1 84~91쪽)

나 물 좀 주세요.

나물 좀 주세요.

아버지가 방에 들어갑니다.

다음 문장 부호를 생각하며 글을 띄어 읽고, 바르게 따라 써 보세요.

(국어 1-1나 204~231쪽 국어활동 1-1 84~91쪽)

아버지 가방에 들어갑니다.

형님, 여기 계셨군요!

어머님은 잘 계시냐?

다음 문장 부호를 생각하며 글을 띄어 읽고, 바르게 따라 써 보세요.
(국어 1-1나 204~231쪽 국어활동 1-1 84~91쪽)

잘 되었구나!

"그러면 내가 받을게"

'헤헤, 맛있겠다. 나 혼자 먹어야지.'

ㄲ ㄸ ㅃ ㅆ ㅉ 이 들어간 낱말을 바르게 써 보세요.

(국어 1-1 나 204~231쪽 국어활동 84~91쪽)

쌍기역	ㄲ	ㄲ	ㄲ	ㄲ	ㄲ	ㄲ
쌍디귿	ㄸ	ㄸ	ㄸ	ㄸ	ㄸ	ㄸ
쌍비읍	ㅃ	ㅃ	ㅃ	ㅃ	ㅃ	ㅃ
쌍시옷	ㅆ	ㅆ	ㅆ	ㅆ	ㅆ	ㅆ
쌍지읒	ㅉ	ㅉ	ㅉ	ㅉ	ㅉ	ㅉ

ㄲ	까	치
쌍기역	까	치

도	깨	비
도	깨	비

토	끼
토	끼

ㄸ ㅃ이 들어간 낱말을 바르게 써 보세요.

(국어 1-1 나 204~231쪽 국어활동 1-1 84~91쪽)

| ㄸ 쌍디귿 | 딸 기 | 메 뚜 기 | 땅 콩 |

| ㅃ 쌍비읍 | 빨 래 | 사 슴 뿔 | 빨 대 |

ㅆ ㅉ 이 들어간 낱말을 바르게 써 보세요.

(국어 1-1 나 204~231쪽 국어활동 1-1 84~91쪽)

ㅆ 쌍시옷	씨름	썰매	새싹	햅쌀

ㅉ 쌍지읒	찌개	베짱이	팔찌

9* 그림일기를 써요.

겪은 일을 떠올려 그림일기를 써 봅시다.

아홉

- 그림일기 읽기를 합시다.
- 그림일기를 쓰는 방법 알아봅시다.
- 겪은 일을 그림일기로 써 봅시다.
- 그림일기에서 잘된 점 말하여 봅시다.

 하루 동안에 어떤 일을 했는지 떠올려 문장을 바르게 써 보세요.
(국어 1-1나 232~255쪽 국어활동 1-1 84~91쪽)

아침에 비가 왔다.
아침에 비가 왔다.

학교 가는 길에 선생님을 만났다.
학교 가는 길에 선생님을 만났다.

국어 책을 읽었다.
국어 책을 읽었다.

친구들과 점심을 맛있게 먹었다.
친구들과 점심을 맛있게 먹었다.

하루 동안에 어떤 일을 했는지 떠올려 문장을 바르게 써 보세요.
(국어 1-1나 232~255쪽 국어활동 1-1 84~91쪽)

오랜만에 삼촌이 우리 집에 오셔서

반가웠습니다.

반가웠습니다.

동물원에서 새끼 호랑이를 보니

귀여웠습니다.

귀여웠습니다.

친구가 줄넘기를 참 잘했습니다.

친구가 부러웠습니다.

친구가 부러웠습니다.

하루 동안에 어떤 일을 했는지 생각하며 낱말을 바르게 써 보세요.

(국어 1-1나 232~255쪽 국어활동 1-1 84~91쪽)

동	물	원
동	물	원

친	구
친	구

줄	넘	기
줄	넘	기

초	롱	이
초	롱	이

새	끼
새	끼

일	요	일
일	요	일

하루 동안에 어떤 일을 했는지 떠올려 낱말을 바르게 써 보세요.

(국어 1-1나 232~255쪽 국어활동 1-1 84~91쪽)

사	과

학	교

수	업

선	생	님

아	침

길	에

저	녁

어	제

하루 동안에 어떤 일을 했는지 떠올려 낱말을 바르게 써 보세요.

(국어 1-1나 232~255쪽 국어활동 1-1 84~91쪽)

| 생일 | 통닭 | 과자 | 운동장 |

| 느낌 | 그림일기 | 기억 |

하루 동안에 어떤 일을 했는지 떠올려 낱말을 바르게 써 보세요.

(국어 1-1나 232~255쪽 국어활동 1-1 84~91쪽)

생일잔치

모습

깃발

중요한

간직

좋은

장면

하루 동안에 어떤 일을 했는지 떠올려 낱말을 바르게 써 보세요.

(국어 1-1나 232~255쪽 국어활동 1-1 84~91쪽)

잔	치
잔	치

생	각
생	각

날	씨
날	씨

도	서	관
도	서	관

그	림
그	림

찰	흙
찰	흙

칭	찬
칭	찬

점	심
점	심

하루 동안에 어떤 일을 했는지 떠올려 낱말을 바르게 써 보세요.

(국어 1-1나 232~255쪽 국어활동 1-1 84~91쪽)

| 공부 | 친구 | 인사 | 역할 |

| 놀이 | 주소 | 표현 | 함께 |

글자 모양을 생각하며 ㄱㄴㄷ 들어 가는 낱말을 큰 소리 내어 읽고, 바르게 써 보세요.

가 자	국 어	나 라	노 래
가 자	국 어	나 라	노 래
가 자	국 어	나 라	노 래

눈 물	나 물	받 다	다 리
눈 물	나 물	받 다	다 리
눈 물	나 물	받 다	다 리

글자 모양을 생각하며 ㄹㅁㅂ 들어 가는 낱말을 큰 소리 내어 읽고, 바르게 써 보세요.

라	면
라	면
라	면

마	루
마	루
마	루

바	다
바	다
바	다

보	물
보	물
보	물

발	음
발	음
발	음

음	악
음	악
음	악

잡	다
잡	다
잡	다

굽	다
굽	다
굽	다

 글자 모양을 생각하며 ㅅㅇㅈ 들어 가는 낱말을 큰 소리 내어 읽고, 바르게 써 보세요.

사	자
사	자
사	자

우	유
우	유
우	유

자	연
자	연
자	연

주	문
주	문
주	문

낫	다
낫	다
낫	다

강	물
강	물
강	물

낮	잠
낮	잠
낮	잠

잊	다
잊	다
잊	다

 글자 모양을 생각하며 ㅊㅋㅌ 들어 가는 낱말을 큰 소리 내어 읽고, 바르게 써 보세요.

기	차
기	차
기	차

식	초
식	초
식	초

크	다
크	다
크	다

토	끼
토	끼
토	끼

꽃	길
꽃	길
꽃	길

동	녘
동	녘
동	녘

낱	말
낱	말
낱	말

붙	다
붙	다
붙	다

 글자 모양을 생각하며 ㅍ ㅎ 들어 가는 낱말을 큰 소리 내어 읽고, 바르게 써 보세요.

파	란
파	란
파	란

포	수
포	수
포	수

하	늘
하	늘
하	늘

호	수
호	수
호	수

숲	길
숲	길
숲	길

무	릎
무	릎
무	릎

낳	다
낳	다
낳	다

놓	다
놓	다
놓	다

 그림일기에 들어가야 할 낱말을 예쁘게 써 보세요.

날	짜	날	씨	쓴	사	람	그	림

요	일	생	각	겪	은	일	느	낌

기	억	에		남	는	일

다음 자음자, 모음자를 순서에 맞게 연한 글씨 위에 바르게 덮어 써 보세요.

기역	ㄱ	ㄱ	ㄱ	ㄱ		피읖	ㅍ	ㅍ	ㅍ	ㅍ
니은	ㄴ	ㄴ	ㄴ	ㄴ		히읗	ㅎ	ㅎ	ㅎ	ㅎ
디귿	ㄷ	ㄷ	ㄷ	ㄷ		아	ㅏ	ㅏ	ㅏ	ㅏ
리을	ㄹ	ㄹ	ㄹ	ㄹ		야	ㅑ	ㅑ	ㅑ	ㅑ
미음	ㅁ	ㅁ	ㅁ	ㅁ		어	ㅓ	ㅓ	ㅓ	ㅓ
비읍	ㅂ	ㅂ	ㅂ	ㅂ		여	ㅕ	ㅕ	ㅕ	ㅕ
시옷	ㅅ	ㅅ	ㅅ	ㅅ		오	ㅗ	ㅗ	ㅗ	ㅗ
이응	ㅇ	ㅇ	ㅇ	ㅇ		요	ㅛ	ㅛ	ㅛ	ㅛ
지읒	ㅈ	ㅈ	ㅈ	ㅈ		우	ㅜ	ㅜ	ㅜ	ㅜ
치읓	ㅊ	ㅊ	ㅊ	ㅊ		유	ㅠ	ㅠ	ㅠ	ㅠ
키읔	ㅋ	ㅋ	ㅋ	ㅋ		으	ㅡ	ㅡ	ㅡ	ㅡ
티읕	ㅌ	ㅌ	ㅌ	ㅌ		이	ㅣ	ㅣ	ㅣ	ㅣ

왼쪽에서 연한 글씨 위에 덮어쓰기 연습한 자음자 모음자를 바르게 써 보세요

기역	ㄱ				피읖	ㅍ			
니은	ㄴ				히읗	ㅎ			
디귿	ㄷ				아	ㅏ			
리을	ㄹ				야	ㅑ			
미음	ㅁ				어	ㅓ			
비읍	ㅂ				여	ㅕ			
시옷	ㅅ				오	ㅗ			
이응	ㅇ				요	ㅛ			
지읒	ㅈ				우	ㅜ			
치읓	ㅊ				유	ㅠ			
키읔	ㅋ				으	ㅡ			
티읕	ㅌ				이	ㅣ			

다음 낱말을 순서에 맞게 연한 글씨 위에 바르게 덮어 써 보세요.

거	미
거	미
거	미
거	미
거	미
거	미

나	비
나	비
나	비
나	비
나	비
나	비

모	자
모	자
모	자
모	자
모	자
모	자

바	지
바	지
바	지
바	지
바	지
바	지

머	리
머	리
머	리
머	리
머	리

시	계
시	계
시	계
시	계
시	계

오	리
오	리
오	리
오	리
오	리

자	두
자	두
자	두
자	두
자	두

왼쪽에서 연한 글씨 위에 덮어쓰기 연습한 낱말을 바르게 써 보세요

거	미

나	비

모	자

바	지

머	리

시	계

오	리

자	두

다음 낱말을 순서에 맞게 연한 글씨 위에 바르게 덮어 써 보세요.

파	리
파	리
파	리
파	리
파	리
파	리

하	마
하	마
하	마
하	마
하	마
하	마

가	지
가	지
가	지
가	지
가	지
가	지

야	구
야	구
야	구
야	구
야	구
야	구

여	우
여	우
여	우
여	우
여	우

구	두
구	두
구	두
구	두
구	두

우	유
우	유
우	유
우	유
우	유

그	네
그	네
그	네
그	네
그	네

왼쪽에서 연한 글씨 위에 덮어쓰기 연습한 낱말을 바르게 써 보세요

파	리

하	마

가	지

야	구

여	우

구	두

우	유

그	네

 다음 낱말을 순서에 맞게 연한 글씨 위에 바르게 덮어 써 보세요.

고	구	마
고	구	마
고	구	마
고	구	마
고	구	마
고	구	마

요	리	사
요	리	사
요	리	사
요	리	사
요	리	사
요	리	사

요	리
요	리
요	리
요	리
요	리
요	리

무	지	개
무	지	개
무	지	개
무	지	개
무	지	개

도	토	리
도	토	리
도	토	리
도	토	리
도	토	리

주	사
주	사
주	사
주	사
주	사

왼쪽에서 연한 글씨 위에 덮어쓰기 연습한 낱말을 바르게 써 보세요

고	구	마

요	리	사

요	리

무	지	개

도	토	리

주	사

다음 낱말을 순서에 맞게 연한 글씨 위에 바르게 덮어 써 보세요.

| 의자 | 사자 | 보리 | 어부 |
| 수도 | 조개 | 후추 | 참외 |

왼쪽에서 연한 글씨 위에 덮어쓰기 연습한 낱말을 바르게 써 보세요

| 의 자 | 사 자 | 보 리 | 어 부 |

| 수 도 | 조 개 | 후 추 | 참 외 |

 다음 낱말을 순서에 맞게 연한 글씨 위에 바르게 덮어 써 보세요.

피	아	노
피	아	노
피	아	노
피	아	노
피	아	노
피	아	노

두	루	미
두	루	미
두	루	미
두	루	미
두	루	미
두	루	미

열	쇠
열	쇠
열	쇠
열	쇠
열	쇠
열	쇠

원	숭	이
원	숭	이
원	숭	이
원	숭	이
원	숭	이

다	람	쥐
다	람	쥐
다	람	쥐
다	람	쥐
다	람	쥐

토	끼
토	끼
토	끼
토	끼
토	끼

왼쪽에서 연한 글씨 위에 덮어쓰기 연습한 낱말을 바르게 써 보세요

피	아	노

두	루	미

열	쇠

원	숭	이

다	람	쥐

토	끼

연습이 부족하여 좀 더 연습하고자
한다면 현보문화에서 발행한 한글쓰기
시리즈를 구입하여 연습하시길 바랍니다

매 장마다 별도의 투명한 종이 위에 따라 쓰기
연습을 충분이 할 수 있도록 하여 예쁘고 바르게
쓰는 습관이 되도록 하였습니다.

한글쓰기-전 5 권

① 선긋기 , 지각능력 테스트 / 자음, 모음 익히기
② 낱말 익히기 / 받침 없는 낱말공부
③ 낱말 익히기 / 기본 받침 있는 낱말공부
④ 낱말 익히기 / 어려운 받침 있는 낱말공부
⑤ 문장 익히기

한글쓰기-전 3 권

(초급)
어려운 받침 있는 낱말과 문장 익히기
(중급)
소리, 모양, 색깔, 타는것, 반대말, 몸의 신체등 낱말 익히기
(고급)
~를, ~을, 높임말 낱말과 문장 익히기